学ぶ人は、変えてゆく人だ。

目の前にある問題はもちろん、

人生の問いや、社会の課題を自ら見つけ、

挑み続けるために、人は学ぶ。

「学び」で、少しずつ世界は変えてゆける。

いつでも、どこでも、誰でも、

学ぶことができる世の中へ。

旺文社

旺文社

発音記号表

発音記号は「´」が付いている部分を，カナ発音は太字をいちばん強く発音します。カナ発音はあくまでも目安です。

母音

発音記号	カナ発音	例
[iː]	イー	**eat** [iːt イート]
[i]	イ ※1	**sit** [sit スィット]
[e]	エ	**ten** [ten テン]
[æ]	ア	**bank** [bæŋk バンク]
[ɑ]	ア	**stop** [stɑ(ː)p スタ(ー)ップ]
[ɑː]	アー	**father** [fɑ́ːðər ふァーざァ]
[ɑːr]	アー	**card** [kɑːrd カード]
[ɔ]	オ	**song** [sɔ(ː)ŋ ソ(ー)ング]
[ɔː]	オー	**all** [ɔːl オーる]
[ɔːr]	オー	**before** [bifɔ́ːr ビふォー]
[u]	ウ	**good** [gud グッド]
[uː]	ウー	**zoo** [zuː ズー]

発音記号	カナ発音	例
[ʌ]	ア	**just** [dʒʌst ヂャスト]
[ə]	ア ※2	**about** [əbáut アバウト]
[ər]	アァ	**computer** [kəmpjúːtər コンピュータァ]
[əːr]	ア～	**nurse** [nəːrs ナ～ス]
[ei]	エイ	**day** [dei デイ]
[ou]	オウ	**go** [gou ゴウ]
[ai]	アイ	**time** [taim タイム]
[au]	アウ	**out** [aut アウト]
[ɔi]	オイ	**boy** [bɔi ボイ]
[iər]	イア	**ear** [iər イア]
[eər]	エア	**hair** [heər ヘア]
[uər]	ウア	**your** [juər ユア]

※1 … [i]を強く発音しない場合は[エ]と表記することがあります。
※2 … [ə]は前後の音によって[イ][ウ][エ][オ]と表記することがあります。

子音

発音記号	カナ発音	例
[p]	プ	**put** [put プット]
[b]	ブ	**bed** [bed ベッド]
[t]	ト	**tall** [tɔːl トーる]
[d]	ド	**door** [dɔːr ドー]
[k]	ク	**come** [kʌm カム]
[g]	グ	**good** [gud グッド]
[m]	ム	**movie** [múːvi ムーヴィ]
	ン	**camp** [kæmp キャンプ]
[n]	ヌ	**next** [nekst ネクスト]
	ン	**rain** [rein レイン]
[ŋ]	ング	**sing** [siŋ スィング]
[l]	る	**like** [laik らイク]
[f]	ふ	**food** [fuːd ふード]
[v]	ヴ	**very** [véri ヴェリィ]
[θ]	す	**think** [θiŋk すィンク]

発音記号	カナ発音	例
[ð]	ず	**those** [ðouz ぞウズ]
[s]	ス	**salad** [sǽləd サらッド]
[z]	ズ	**zoo** [zuː ズー]
[ʃ]	シ	**short** [ʃɔːrt ショート]
[ʒ]	ジ	**usually** [júːʒu(ə)li ユージュ(ア)りィ]
[r]	ル	**ruler** [rúːlər ルーらァ]
[h]	フ	**help** [help へるプ]
[tʃ]	チ	**chair** [tʃeər チェア]
[dʒ]	ヂ	**jump** [dʒʌmp ヂャンプ]
[j]	イ	**year** [jiər イア]
	ユ	**you** [juː ユー]
[w]	ウ	**walk** [wɔːk ウォーク]
	ワ	**work** [wəːrk ワ～ク]
[ts]	ツ	**its** [its イッツ]
[dz]	ヅ	**needs** [niːdz ニーヅ]

はじめに

本書は1998年に誕生した『英検Pass単熟語』の5訂版です。「出題される可能性の高い単語を，効率よく覚えられる」ように編集されており，英検合格を目指す皆さんに長くご愛用いただいています。

3つの特長

❶「学校で習う単語」から始まるので学びやすい！

過去5年間の英検の問題※を分析した英検にでる単語のうち，中学1年生の教科書で多く取り扱われた単語と，英検に特徴的な単語の2ステップで学習できます。

❷ 学習をサポートする無料音声つき！

スマートフォンで音声を聞くことができる公式アプリと，パソコンからの音声ダウンロードに対応しています。

❸ 学習効果がわかるテストつき！

単語編と熟語編には，見出し語を覚えたか確認できるミニテストがついています。

本書での単語学習が皆さんの英検合格につながることを心より願っています。

最後に，本書の刊行にあたり多大なご協力をいただきました，本多美佐保先生，九州大学大学院言語文化研究院 准教授 内田諭先生に深く感謝の意を表します。

※2015年度第2回～2020年度第1回の英検過去問題

もくじ

発音記号表 …… 2
はじめに …… 3
本書の構成 …… 6
音声について …… 8
オススメ単語学習法 …… 10

単語編

学校で習う単語 319

名詞 …… 14
家／時／学校／人・職業／街／食べ物・食事／家族／スポーツ／動物・自然／曜日／月／色／音楽／季節・行事／単位／言語・世界／体
ミニテストにチャレンジ！ …… 42
動詞 …… 43
be動詞／一般動詞
ミニテストにチャレンジ！ …… 50
形容詞 …… 51
ミニテストにチャレンジ！ …… 55
副詞 …… 56
ミニテストにチャレンジ！ …… 59
そのほか …… 60
前置詞／冠詞／接続詞／助動詞／疑問詞／代名詞／数量／敬称
ミニテストにチャレンジ！ …… 67

英検にでる単語 251

名詞 …… 70
家／時／学校／人・職業／街／食べ物・食事／家族／スポーツ／動物・自然／色／音楽／季節・行事／単位／言語・世界／体
動詞 …… 93
一般動詞
形容詞 …… 95
副詞・そのほか …… 98
副詞／敬称／略語
ミニテストにチャレンジ！ …… 99
数・序数 …… 100
代名詞 …… 104
ミニテストにチャレンジ！ …… 107

熟語編・30

動詞を中心とした熟語 …… 110

そのほかの熟語 …… 115

ミニテストにチャレンジ！ …… 118

会話表現編・90

短い応答 …… 120

あいさつ・呼びかけ …… 124

お礼・おわび …… 128

いろいろな質問 …… 129

依頼・誘い …… 134

命令・禁止 …… 135

時に関する表現 …… 136

さくいん …… 138

執筆・編集協力：株式会社カルチャー・プロ

編集協力：本多美佐保，大河内さほ，株式会社 鷗来堂，Michael Joyce

データ分析・語彙選定協力：内田諭　　データ分析協力・組版：幸和印刷株式会社

装丁デザイン：浅海新菜（及川真咲デザイン事務所）

本文デザイン：伊藤幸恵　イラスト：三木謙次

録音：ユニバ合同会社　ナレーション：Bill Sullivan，芦澤亜希子

本書の構成

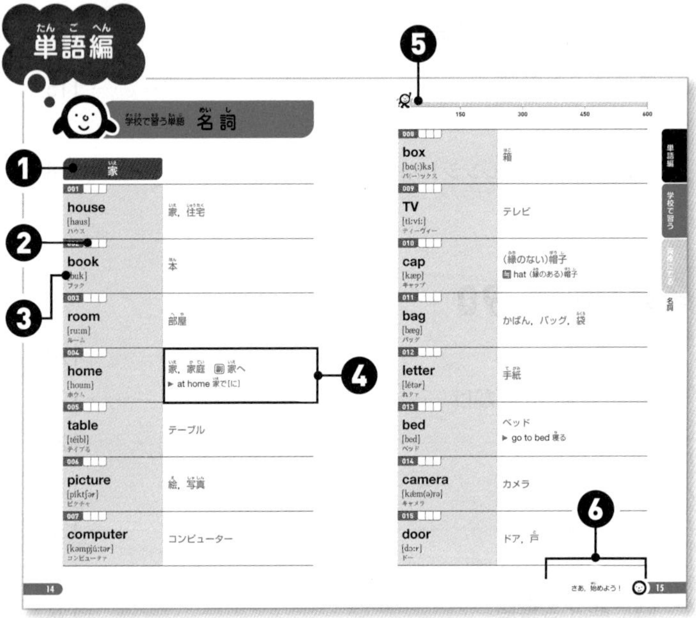

単語編

学校で習う単語　名詞

❶ 家

001	**house** [haus] ハウス	家，住宅
002	**book** [buk] ブック	本
003	**room** [ru:m] ルーム	部屋
004	**home** [houm] ホウム	家，家庭　副 家へ ▶ at home 家で[に]
005	**table** [téibl] テイブる	テーブル
006	**picture** [píktʃər] ピクチァ	絵，写真
007	**computer** [kəmpjú:tər] コンピューチァ	コンピューター

150　300　450　600

008	**box** [ba(:)ks] バ(ー)ックス	箱
009	**TV** [tì:ví:] ティーヴィー	テレビ
010	**cap** [kæp] キャップ	(縁のない)帽子 反 hat (縁のある)帽子
011	**bag** [bæg] バッグ	かばん，バッグ，袋
012	**letter** [létər] れタァ	手紙
013	**bed** [bed] ベッド	ベッド ▶ go to bed 寝る
014	**camera** [kǽm(ə)rə] キャメラ	カメラ
015	**door** [dɔ:r] ドー	ドア，戸

単語編　学校で習う　名詞

14　さあ，始めよう！　15

❶ カテゴリー
名詞は「学校」「色」など，覚えやすいように単語をまとめています。

❷ チェック欄
チェックして学習に役立てましょう。

❸ 発音記号
見出し語の読み方を表す記号です。(詳細はp.2参照)

❹ 見出し語の訳
英検合格に必要なものを取り上げています。

❺ 進捗ゲージ
どこまで覚えたか一目で分かります。

❻ でちゃうくん
本書のキャラクター「でちゃうくん」が，単語学習を応援してくれます。

がんばれ！

熟語編

動詞を中心とした熟語
571
come from ～
～の出身である
be動詞(am/are/is)＋from ～
Where do you come from? — I come from Australia.
あなたはどこの出身ですか。— 私はオーストラリア出身です。
572
come to ～
～に来る
Can you come to my house today?
573
do one's homework
宿題をする
I do my homework before dinner.
私は夕食の前に宿題をします。
574
get up
起きる
110

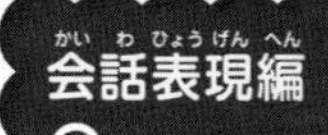

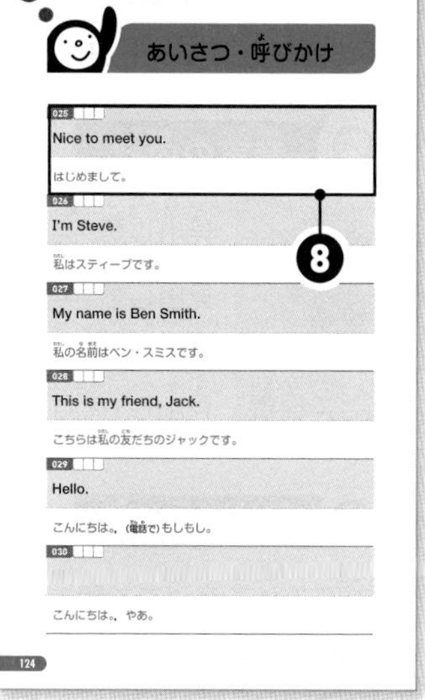

あいさつ・呼びかけ
025
Nice to meet you.
はじめまして。
026
I'm Steve.
私はスティーブです。
027
My name is Ben Smith.
私の名前はベン・スミスです。
028
This is my friend, Jack.
こちらは私の友だちのジャックです。
029
Hello.
こんにちは。(電話で)もしもし。
030
こんにちは。やあ。
124

❼ よく出題される熟語を，例文をつけて掲載しています。

❽ よく使われる会話表現とその日本語訳をまとめました。

表記について

- 動 動詞　名 名詞　形 形容詞
- 副 副詞　助 助動詞
- ＝ 同意語　≒ 類義語　⇔ 反意語
- 複 複数形　略 省略形
- 否短 否定の短縮形
- 参 参考表現　★ 補足情報
- ▶ 見出し語に関連した表現

- (　) ----- 省略可能／補足説明
- [　] ----- 直前の語句と言い換え可能
- ～ --------- ～の部分に語句が入る
- *A*, *B* ----- *A*, *B* に異なる語句が入る
- *one's* ---- 人を表す語句が入る
- *doing* --- 動詞の -ing形が入る

音声について

以下の音声をスマートフォン等でお聞きいただけます。

音声の内容

単語編	見出し語（英語）→ 見出し語の訳
熟語編	見出し語（英語）→ 見出し語の訳 → 例文（英語）→ 例文の訳
会話表現編	見出し（英語）→ 見出しの訳

音声の聞き方

2種類の方法で音声をお聞きいただけます。

パソコンで音声データ（MP3）をダウンロード

【ご利用方法】

1. 以下のURLから，Web特典にアクセス
   URL：**https://eiken.obunsha.co.jp/5q/**
2. 本書を選び，以下のパスワードを入力してダウンロード
   hsmdnh ※全て半角アルファベット小文字
3. ファイルを展開して，オーディオプレーヤーで再生
   音声ファイルはzip形式にまとめられた形でダウンロードされます。展開後，デジタルオーディオプレーヤーなどで再生してください。

※音声の再生にはMP3を再生できる機器などが必要です。
※ご使用機器，音声再生ソフト等に関する技術的なご質問は，ハードメーカーもしくはソフトメーカーにお願いいたします。
※本サービスは予告なく終了することがあります。

公式アプリ「英語の友」(iOS/Android)で再生

【ご利用方法】

❶「英語の友」公式サイトより，アプリをインストール

URL：**https://eigonotomo.com/**

英語の友

左記のQRコードから読み込めます。

❷ アプリ内のライブラリより本書を選び，
「追加」ボタンをタップ

❸ 再生モードを選んで再生

書籍音源モード	音声データダウンロードと同じ内容の音声を再生できます。
単語モード	単語編，熟語編について「見出し語（英語）」の音声再生ができ，再生間隔や回数を自由に編集することができます。英語だけを再生したい，複数回連続で再生したい，発音練習するためのポーズ（間隔）を空けたい，等にご利用いただけます。

そのほか，以下の機能をご利用いただけます。

- シャッフル再生
- リピート再生
- 再生速度変換（0.5～2.0倍速）
- バックグラウンド再生
- 絞り込み再生（チェックした単語のみ再生）

※本アプリの機能の一部は有料ですが，本書の音声は無料でお聞きいただけます。
※詳しいご利用方法は「英語の友」公式サイト，あるいはアプリ内のヘルプをご参照ください。
※本サービスは予告なく終了することがあります。

オスメメ単語学習法

5級によくでる単語を効率的に覚えるには，以下の3ステップで学習するのがおすすめです。

STEP 1 暗記 ● 単語を覚えたらチェック

音声を聞いたり，声に出して発音したり，ノートに書いたりして覚えましょう。単語を覚えたら，チェックボックスに印を付けましょう。

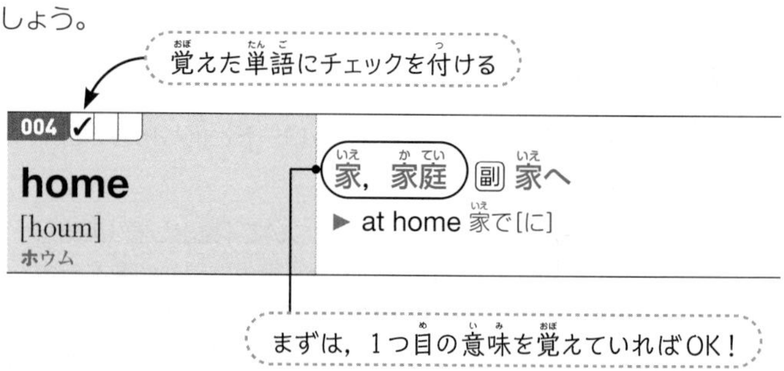

STEP 2 確認 ● 赤セルシートを使って再確認

赤セルシートを使って単語をもう一度確認したら，2つ目のチェックボックスに印を付けましょう。

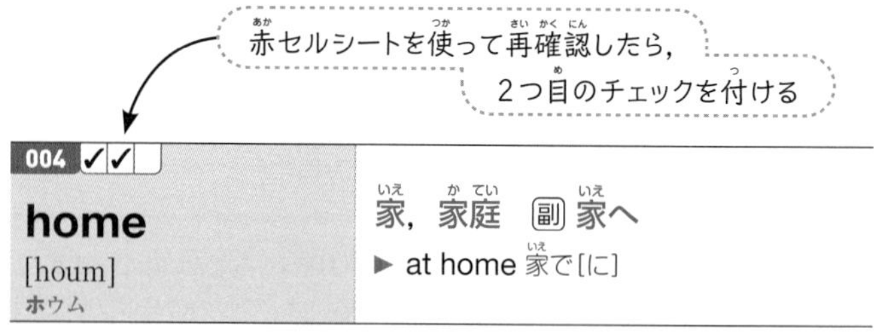

赤セルシートを使って再確認したら，
2つ目のチェックを付ける
004
home
[houm]
ホウム
家，家庭 副 家へ
▶ at home 家で[に]

STEP 3 最終確認 覚えているか最終チェック

最後にもう一度，単語を覚えられたか確認して3つ目のチェックボックスに印を付けましょう。

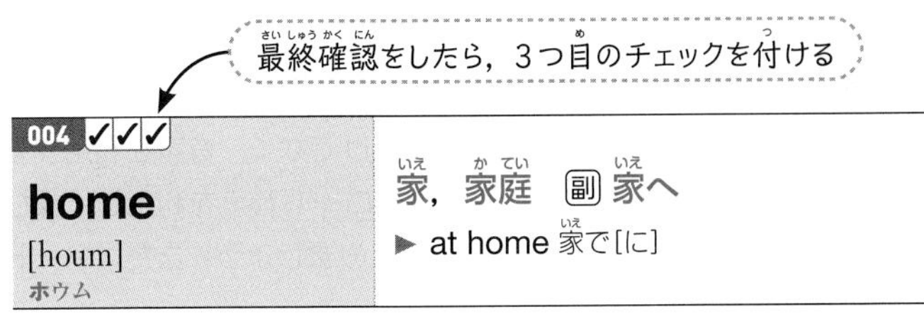

中学校で習う単語からはじめよう

この本では，英検の出題データを分析し，よくでる単語を掲載しています。そのうち，中学1年生の教科書で多く扱われた単語を「学校で習う単語」にまとめ，それ以外の英検によくでる単語を「英検にでる単語」にまとめました。まず，「学校で習う単語」から取り組みましょう。

赤セルシートを使ってみよう

付属の赤セルシートを載せると，赤い文字を隠すことができます。赤セルシートで隠しても意味を言えるようになるまで覚えましょう。

ミニテストで確認しよう

単語編・熟語編には，途中にミニテストがあります。意味を覚えられたか，テスト形式で確認しましょう。

熟語や会話表現も覚えよう

この本には，単語だけでなく，英検によくでる熟語と会話表現もまとめてあります。リスニングテストにもよく出題されるので，付属の音声を使って発音と意味をしっかり覚えておきましょう。

付属音声（p.8～9参照）や準拠ノートを活用しよう

記憶を定着させるには，「見て」覚えるだけでなく，音声を利用することが効果的です。公式アプリやダウンロード音声を利用し，繰り返し「聞いて」，音声を真似て「発音して」みましょう。また，ノートに「書いて」覚えるのもおすすめです。

学校で習う単語 319

単語編

名詞 …… 14
ミニテストにチャレンジ！ …… 42

動詞 …… 43
ミニテストにチャレンジ！ …… 50

形容詞 …… 51
ミニテストにチャレンジ！ …… 55

副詞 …… 56
ミニテストにチャレンジ！ …… 59

そのほか …… 60
ミニテストにチャレンジ！ …… 67

コラム …… 28, 32, 37, 54

学習日 ／ ／ ／

学校で習う単語 名詞

家

001 **house** [haus] ハウス	家，住宅
002 **book** [buk] ブック	本
003 **room** [ruːm] ルーム	部屋
004 **home** [houm] ホウム	家，家庭 副 家へ ▶ at home 家で[に]
005 **table** [téibl] テイブる	テーブル
006 **picture** [píktʃər] ピクチャ	絵，写真
007 **computer** [kəmpjúːtər] コンピュータァ	コンピューター

名詞

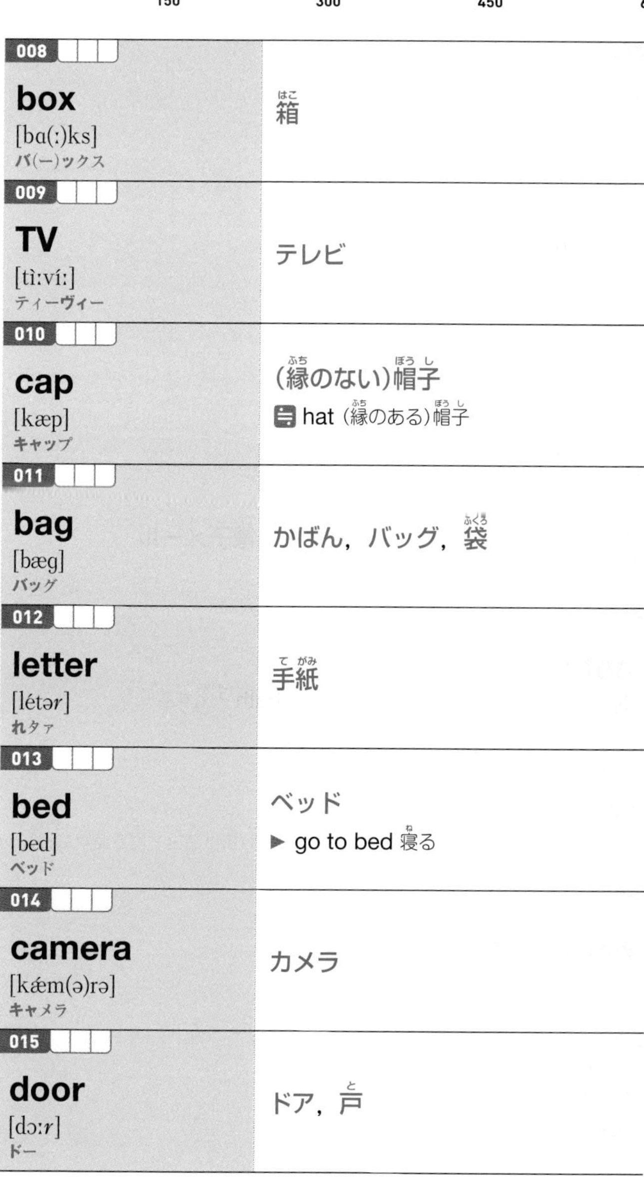

No.	単語	発音	意味
008	**box**	[bɑ(ː)ks] バ(ー)ックス	箱(はこ)
009	**TV**	[tìːvíː] ティーヴィー	テレビ
010	**cap**	[kæp] キャップ	(縁(ふち)のない)帽子(ぼうし) ⊟ hat (縁(ふち)のある)帽子(ぼうし)
011	**bag**	[bæg] バッグ	かばん，バッグ，袋(ふくろ)
012	**letter**	[létər] れタァ	手紙(てがみ)
013	**bed**	[bed] ベッド	ベッド ▶ go to bed 寝(ね)る
014	**camera**	[kǽm(ə)rə] キャメラ	カメラ
015	**door**	[dɔːr] ドー	ドア，戸(と)

016

pet
[pet]
ペット

ペット

017

T-shirt
[tíːʃəːrt]
ティーシャ〜ト

Tシャツ

018

window
[wíndou]
ウィンドウ

窓(まど)

019

e-mail
[íːmeil]
イーメイる

Eメール，電子(でんし)メール

020

bath
[bæθ]
バす

入浴(にゅうよく)

▶ take a bath 入浴(にゅうよく)する

021

watch
[wɑ(ː)tʃ]
ワ(ー)ッチ

腕時計(うでどけい)

clock 時計(とけい)(掛(か)け時計(どけい)・置(お)き時計(どけい)など)

022

comic book
[kɑ́(ː)mik buk]
カ(ー)ミック ブック

漫画本(まんがぼん)

023

umbrella
[ʌmbrélə]
アンブレら

かさ

時（とき）

024 **today** [tədéi] トゥデイ	今日（きょう）　副 今日（きょう）は
025 **tomorrow** [təmá(ː)rou] トゥマ(ー)ロウ	明日（あした）　副 明日（あした）は
026 **day** [dei] デイ	日（ひ），1日（にち）
027 **morning** [mɔ́ːrniŋ] モーニング	朝（あさ），午前（ごぜん）
028 **afternoon** [æ̀ftərnúːn] アふタヌーン	午後（ごご） ★正午（しょうご）から日没（にちぼつ）までを表（あらわ）す
029 **evening** [íːvniŋ] イーヴニング	夕方（ゆうがた），晩（ばん） ★日没（にちぼつ）から寝（ね）る時間（じかん）までを表（あらわ）す
030 **night** [nait] ナイト	夜（よる） ★日没（にちぼつ）から日（ひ）の出（で）までを表（あらわ）す
031 **time** [taim] タイム	時刻（じこく），時間（じかん）

032

hour

[áuər]

アウア

1時間(じかん)

★ 発音注意(はつおんちゅうい)

033

noon

[nuːn]

ヌーン

正午(しょうご)

▶ at noon 正午(しょうご)に

034

date

[deit]

デイト

日付(ひづけ)

035

week

[wiːk]

ウィーク

週(しゅう)，1週間(しゅうかん)

036

weekend

[wíːkend]

ウィーケンド

週末(しゅうまつ)

037

year

[jiər]

イア

年(ねん)，1年(ねん)

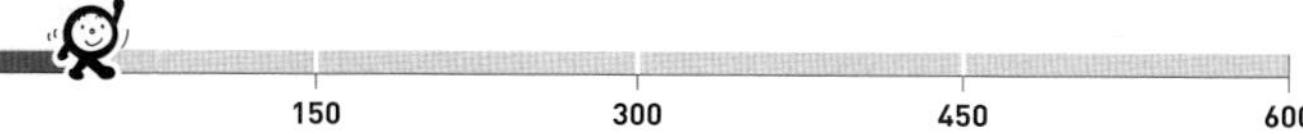

学校（がっこう）

038
school
[skuːl]
スクーる

学校（がっこう）
▶ a junior high school 中学校（ちゅうがっこう）
▶ a high school 高校（こうこう）

039
textbook
[tékstbuk]
テクストブック

教科書（きょうかしょ）

040
class
[klæs]
クらス

クラス，授業（じゅぎょう）

041
pen
[pen]
ペン

ペン

042
homework
[hóumwəːrk]
ホウムワ〜ク

宿題（しゅくだい）
▶ do *one's* homework 宿題（しゅくだい）をする

043
name
[neim]
ネイム

名前（なまえ）

044
math
[mæθ]
マす

数学（すうがく）
★ mathematics の短縮形（たんしゅくけい）

045
student
[stúːd(ə)nt]
ストゥーデント

学生（がくせい），生徒（せいと）

046	**teacher** [tíːtʃə*r*] ティーチャ	先生，教師
047	**pencil** [péns(ə)l] ペンスる	えんぴつ
048	**club** [klʌb] クらブ	クラブ，部
049	**eraser** [iréisə*r*] イレイサァ	消しゴム
050	**dictionary** [díkʃəneri] ディクショネリィ	辞書
051	**gym** [dʒim] ヂム	体育館
052	**science** [sáiəns] サイエンス	理科，科学
053	**classroom** [klǽsruːm] クらスルーム	教室

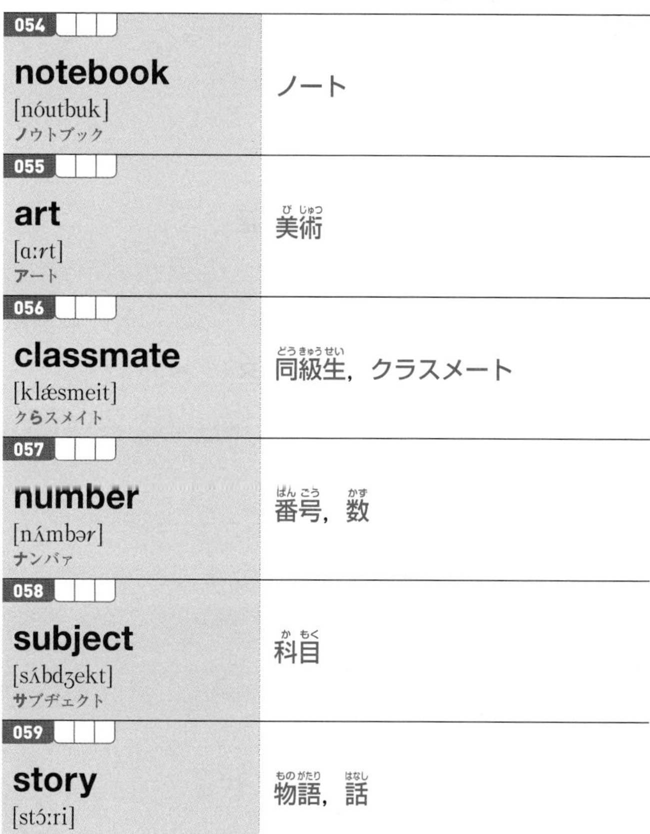

054 **notebook** [nóutbuk] ノウトブック	ノート
055 **art** [ɑːrt] アート	美術
056 **classmate** [klǽsmeit] クらスメイト	同級生，クラスメート
057 **number** [nʌ́mbər] ナンバァ	番号，数
058 **subject** [sʌ́bdʒekt] サブヂェクト	科目
059 **story** [stɔ́ːri] ストーリィ	物語，話

人(ひと)・職業(しょくぎょう)

060 **friend** [frend] ふレンド	友(とも)だち ★発音注意(はつおんちゅうい)
061 **boy** [bɔi] ボイ	男(おとこ)の子(こ)，少年(しょうねん)
062 **girl** [gəːrl] ガ～る	女(おんな)の子(こ)，少女(しょうじょ)
063 **player** [pléiər] プれイア	選手(せんしゅ)
064 **man** [mæn] マン	男性(だんせい) 複 men
065 **woman** [wúmən] ウマン	女性(じょせい) 複 women
066 **people** [píːpl] ピープる	人々(ひとびと)
067 **singer** [síŋər] スィンガァ	歌手(かしゅ)

街(まち)

068 **park** [pɑːrk] パーク	公園(こうえん)
069 **train** [trein] トゥレイン	列車(れっしゃ)，電車(でんしゃ)
070 **bus** [bʌs] バス	バス
071 **library** [láibreri] らイブレリィ	図書館(としょかん)
072 **car** [kɑːr] カー	車(くるま)
073 **movie** [múːvi] ムーヴィ	映画(えいが) ▶ go to the movies 映画(えいが)を見(み)に行(い)く
074 **restaurant** [réstərənt] レストラント	レストラン
075 **station** [stéiʃ(ə)n] ステイション	駅(えき)

076	**shop** [ʃɑ(:)p] シャ(ー)ップ	店(みせ)
077	**zoo** [zu:] ズー	動物園(どうぶつえん)
078	**city** [síti] スィティ	都市(とし)，市(し)
079	**museum** [mju(:)zí(:)əm] ミュ(ー)ズィ(ー)アム	博物館(はくぶつかん)，美術館(びじゅつかん) ★アクセント注意(ちゅうい)
080	**hospital** [hɑ́(:)spitl] ハ(ー)スピトゥる	病院(びょういん)
081	**street** [stri:t] ストゥリート	通(とお)り

食べ物・食事

082 **breakfast** [brékfəst] ブレックふァスト	朝食 ★ 発音注意
083 **lunch** [lʌntʃ] らンチ	昼食 参 lunchbox 弁当箱
084 **dinner** [dínər] [illegible]	夕食
085 **cake** [keik] ケイク	ケーキ
086 **apple** [ǽpl] アプる	リンゴ
087 **food** [fuːd] ふード	食べ物
088 **ice cream** [áis kriːm] アイス クリーム	アイスクリーム
089 **sandwich** [sǽn(d)witʃ] サン(ド)ウィッチ	サンドイッチ

No.	単語	発音	意味
090	**rice**	[rais] ライス	米(こめ)，ごはん
091	**coffee**	[kɔ́(:)fi] コ(ー)ふィ	コーヒー
092	**milk**	[milk] ミるク	牛乳(ぎゅうにゅう)，ミルク
093	**juice**	[dʒuːs] ヂュース	ジュース
094	**curry**	[kə́ːri] カ〜リィ	カレー ★発音注意(はつおんちゅうい)
095	**egg**	[eg] エッグ	たまご
096	**orange**	[ɔ́(:)rindʒ] オ(ー)レンヂ	オレンジ ★アクセント注意(ちゅうい)

家族

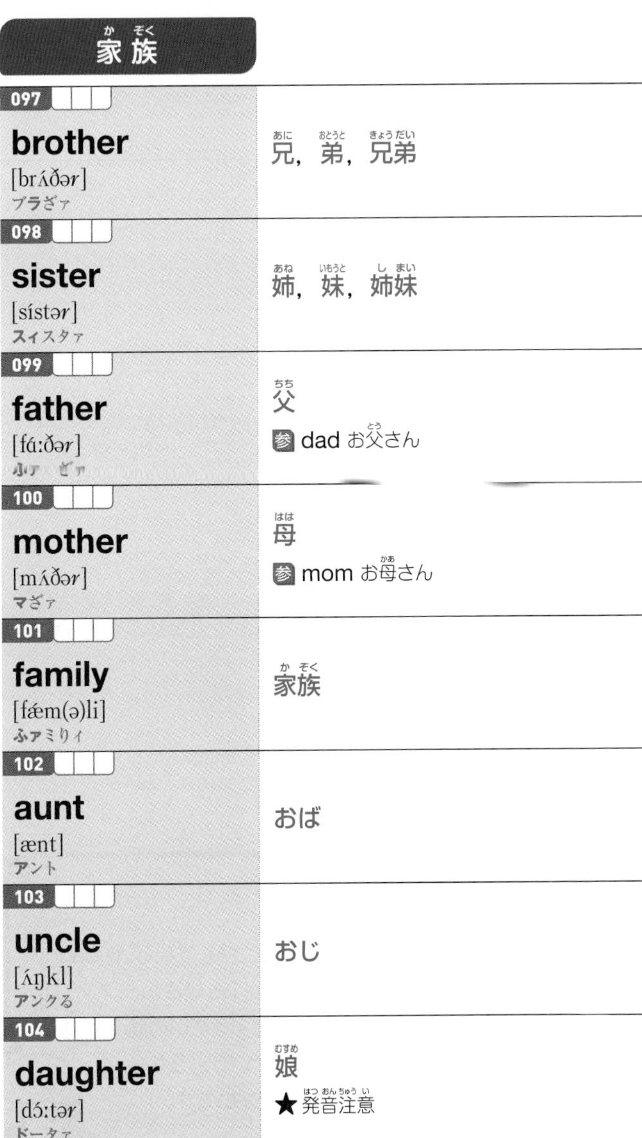

097
brother
[brʌ́ðər]
ブラざァ
兄，弟，兄弟

098
sister
[sístər]
スィスタァ
姉，妹，姉妹

099
father
[fɑ́:ðər]
ふァーざァ
父
参 dad お父さん

100
mother
[mʌ́ðər]
マざァ
母
参 mom お母さん

101
family
[fǽm(ə)li]
ふァミりィ
家族

102
aunt
[ænt]
アント
おば

103
uncle
[ʌ́ŋkl]
アンクる
おじ

104
daughter
[dɔ́:tər]
ドータァ
娘
★ 発音注意

家族の中でいちばん英語が得意になろう！

105

son

[sʌn]

サン

息子

★発音注意

●家族の中でお互いをどう呼ぶか

子どもが父親を呼ぶときは，Dad「お父さん，パパ」や Daddy「パパ」をよく使います。母親は Mom「お母さん，ママ」や Mommy「ママ」と呼びます。また，きょうだいの間では「お兄ちゃん」や「お姉ちゃん」というような呼び方は特になく，名前で呼び合うことが多いです。

スポーツ

No.	単語	意味
106	**tennis** [ténis] テニス	テニス
107	**baseball** [béisbɔːl] ベイスボーる	野球（やきゅう）
108	**game** [geim] ゲイム	試合（しあい），ゲーム
109	**soccer** [sá(ː)kə*r*] サ(ー)カァ	サッカー
110	**sport** [spɔː*r*t] スポート	スポーツ
111	**bike** [baik] バイク	自転車（じてんしゃ）
112	**basketball** [bǽskətbɔːl] バスケットボーる	バスケットボール
113	**team** [tiːm] ティーム	チーム

114 **volleyball** [vɑ́(ː)libɔːl] ヴァ(ー)りボーる	バレーボール
115 **ball** [bɔːl] ボーる	ボール

動物・自然

116 **dog** [dɔ(ː)g] ド(ー)グ	犬(いぬ)
117 **bird** [bəːrd] バ～ド	鳥(とり)
118 **cat** [kæt] キャット	ネコ
119 **tree** [triː] トゥリー	木(き)
120 **animal** [ǽnim(ə)l] アニマる	動物(どうぶつ)
121 **fish** [fiʃ] ふイッシ	魚(さかな)
122 **mountain** [máunt(ə)n] マウントゥン	山(やま)
123 **rabbit** [rǽbət] ラビット	ウサギ

124

water

[wɔ́ːtər]

ウォータァ

水

●「コケコッコー」は英語では？

動物や虫の鳴き声は，英語でもその声をまねて表現します。にわとりの「コケコッコー」は cock-a-doodle-doo（コッカドゥードゥルドゥー），犬の「ワンワン」は bowwow（バウワウ），ネコの「ニャー」は meow（ミアウ）。では，oink（オインク）は何の鳴き声でしょうか。正解は「ブタ」です。日本語とは少し違っていて面白いですね。

曜日

125 **Sunday** [sʌ́ndei] サンデイ
日曜日
略 Sun.

126 **Monday** [mʌ́ndei] マンデイ
月曜日
略 Mon.

127 **Tuesday** [tú:zdei] トゥーズデイ
火曜日
略 Tues.

128 **Wednesday** [wénzdei] ウェンズデイ
水曜日
略 Wed.　★発音注意

129 **Thursday** [θə́:rzdei] さ～ズデイ
木曜日
略 Thurs.

130 **Friday** [fráidei] ふライデイ
金曜日
略 Fri.

131 **Saturday** [sǽtərdei] サタデイ
土曜日
略 Sat.

曜日は必ず大文字で始めるよ。

月(つき)

132	**month** [mʌnθ] マンす	月(つき)，1か月(げつ)
133	**January** [dʒǽnjueri] ヂャニュエリィ	1月(がつ) 略 Jan.
134	**February** [fébjueri] ふェビュエリィ	2月(がつ) 略 Feb.
135	**March** [mɑːrtʃ] マーチ	3月(がつ) 略 Mar.
136	**April** [éiprəl] エイプリる	4月(がつ) 略 Apr.
137	**May** [mei] メイ	5月(がつ)
138	**June** [dʒuːn] ヂューン	6月(がつ) 略 Jun.
139	**July** [dʒulái] ヂュらイ	7月(がつ) 略 Jul.

150 300 450 600

140 **August** [ɔ́ːgəst] オーガスト	8月(がつ) 略 Aug.
141 **September** [septémbər] セプテンバァ	9月(がつ) 略 Sep.
142 **October** [ɑ(ː)któubər] ア(ー)クトウバァ	10月(がつ) 略 Oct.
143 **November** [nouvémbər] ノウヴェンバァ	11月(がつ) 略 Nov.
144 **December** [disémbər] ディセンバァ	12月(がつ) 略 Dec.

色（いろ）

145 **color** [kʌ́lər] カらァ	色（いろ）
146 **blue** [bluː] ブるー	青（あお） 形 青い（あおい）
147 **black** [blæk] ブらック	黒（くろ） 形 黒い（くろい）
148 **red** [red] レッド	赤（あか） 形 赤い（あかい）
149 **white** [(h)wait] (フ)ワイト	白（しろ） 形 白い（しろい）
150 **pink** [piŋk] ピンク	ピンク色（いろ） 形 ピンク色（いろ）の
151 **green** [griːn] グリーン	緑色（みどりいろ） 形 緑色（みどりいろ）の
152 **yellow** [jélou] イエろウ	黄色（きいろ） 形 黄色い（きいろい）

153

brown
[braun]
ブラウン

茶色　形 茶色の

●英語では「緑は緑」

日本語では，実際には緑色のものでもなぜか「青」と呼ぶことがありますね。「青信号」や「青リンゴ」などのように。英語ではそれぞれ green light，green apple で，緑に見えるものはちゃんと green で表します。この違いはどちらかというと日本語の側の問題で，一説には古来，緑を表す呼び名がなかったために，もともとあった「青」でまとめて表すことがあった，と考えられているそうです。

音楽（おんがく）

154

music
[mjúːzik]
ミューズィック

音楽（おんがく）

155

piano
[piǽnou]
ピアノウ

ピアノ
参 pianist ピアニスト

156

song
[sɔ(ː)ŋ]
ソ(ー)ング

歌（うた）

157

CD
[sìːdíː]
スィーディー

CD
★ compact disc の略（りゃく）
▶ a CD player CDプレーヤー

158

violin
[vàiəlín]
ヴァイオリン

バイオリン
★ アクセント注意（ちゅうい）

159

guitar
[gitáːr]
ギター

ギター
★ アクセント注意（ちゅうい）

160

show
[ʃou]
ショウ

番組（ばんぐみ），ショー
▶ a TV show テレビ番組（ばんぐみ）

季節(きせつ)・行事(ぎょうじ)

No.	単語	意味
161	**spring** [spriŋ] スプリング	春(はる)
162	**summer** [sʌ́mə*r*] サマァ	夏(なつ)
163	**fall** [fɔːl] [illegible]	秋(あき)
164	**winter** [wíntə*r*] ウィンタァ	冬(ふゆ)
165	**birthday** [bə́ː*r*θdei] バ～すデイ	誕生日(たんじょうび)
166	**festival** [féstiv(ə)l] ふェスティヴァる	～祭(さい)，祭(まつ)り ▶ sports festival 体育祭(たいいくさい)，運動会(うんどうかい)
167	**present** [préz(ə)nt] プレズント	プレゼント

単位

168 **dollar** [dá(:)lər] ダ(ー)らァ	ドル ★米国・カナダなどの貨幣単位

言語・世界

169 **English** [íŋgliʃ] イングりッシ	英語　形 英語の
170 **Japanese** [dʒæ̀pəníːz] ヂャパニーズ	日本語　形 日本の
171 **Australia** [ɔ(:)stréiliə] オ(ー)ストゥレイりア	オーストラリア
172 **Japan** [dʒəpǽn] ヂャパン	日本
173 **Canada** [kǽnədə] キャナダ	カナダ
174 **country** [kʌ́ntri] カントゥリィ	国 ★発音注意

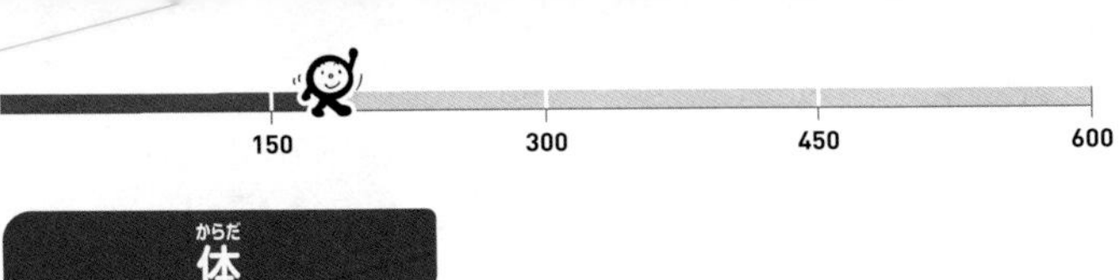

体（からだ）

175 **hand** [hænd] ハンド	手（て）
176 **hair** [heər] ヘア	髪（かみ）の毛（け），毛（け）
177 **leg** [leg] れッグ	脚（あし）
178 **face** [feɪs] ふェイス	顔（かお）
179 **head** [hed] ヘッド	頭（あたま）
180 **mouth** [mauθ] マウす	口（くち）
181 **finger** [fíŋgər] ふィンガァ	(手（て）の)指（ゆび）
182 **teeth** [ti:θ] ティーす	tooth(歯（は）)の複数形（ふくすうけい） ▶ brush *one's* teeth 歯（は）をみがく

ミニテストにチャレンジ！

1. 私(わたし)は今日(きょう)，宿題(しゅくだい)がありません。

I don't have (　　　　) today.

2. 私(わたし)の父(ちち)はコンピューターをよく使(つか)います。

My father often uses the (　　　　).

3. あなたは朝食(ちょうしょく)を毎日(まいにち)食(た)べますか。

Do you eat (　　　　) every day?

4. 私(わたし)の母(はは)は病院(びょういん)で働(はたら)いています。

My mother works at a (　　　　).

5. 彼女(かのじょ)はカナダに何人(なんにん)か友(とも)だちがいます。

She has some (　　　　) in Canada.

6. 彼(かれ)の誕生日(たんじょうび)は 11 月(がつ) 13 日(にち)です。

His (　　　　) is November 13.

こたえ ❶ homework (→042) ❷ computer (→007) ❸ breakfast (→082) ❹ hospital (→080) ❺ friends (→060) ❻ birthday (→165)

学校で習う単語　動詞

be動詞

183 **am** [æm] アム	～である，(～に)いる ★主語がIのときに使う ▶ I am a student. 私は生徒です。
184 **are** [ɑːr] アー	～である，(～に)いる ★主語がyou，we，theyおよび複数の名詞のときに使う ▶ Are you hungry? あなたは空腹ですか。
185 **is** [iz] イズ	～である，(～に)いる ★主語がhe，she，itや単数の名詞のときに使う ▶ He is my father. 彼は私の父です。

一般動詞

186 **do, does** [duː]　[dəz] ドゥー　ダズ	をする　助 (疑問文を作る)～しますか，(否定文を作る)～しない ★doesは主語がhe，she，itか単数の名詞のときに使う
187 **like** [laik] らイク	が好きである，を好む
188 **have** [hæv] ハヴ	を持っている，を食べる，を飲む

189

go
[gou]
ゴウ

行く
⟷ come 来る

190

come
[kʌm]
カム

来る
⟷ go 行く

191

play
[plei]
プれイ

遊ぶ，（競技・ゲームなど）をする，（楽器）を演奏する
参 player 選手

192

want
[wɑ(:)nt]
ワ(ー)ント

がほしい，をほしがる

193

make
[meik]
メイク

を作る

194

open
[óup(ə)n]
オウプン

を開く，を開ける，開く
⟷ close を閉じる，を閉める，閉まる

195

close
[klouz]
クろウズ

を閉じる，を閉める，閉まる
⟷ open を開く，を開ける，開く
★ 発音注意

196

see
[siː]
スィー

が見える，を見る

150 300 450 600

No.	単語	発音	意味
197	**eat**	[iːt] イート	(を)食べる，食事をする
198	**read**	[riːd] リード	を読む，読書する
199	**look**	[luk] るック	(注意して)見る ▶ look at ～ ～を見る
200	**watch**	[wɑ(ː)tʃ] ワ(ー)ッチ	をじっと見る
201	**know**	[nou] ノウ	を知っている ★ 発音注意
202	**speak**	[spiːk] スピーク	(を)話す
203	**use**	[juːz] ユーズ	を使う
204	**wash**	[wɑ(ː)ʃ] ワ(ー)ッシ	を洗う ▶ wash *one's* hands 手を洗う

単語編

学校で習う

英検にでる

動詞

205

run

[rʌn]

ラン

走る，(乗り物が)運行している

206

write

[rait]

ライト

を書く

▶ write a letter to ～ ～に手紙を書く

207

take

[teik]

テイク

(乗り物)に乗る

208

live

[liv]

リヴ

住む，住んでいる

209

sing

[siŋ]

スィング

(を)歌う

参 singer 歌手

210

get

[get]

ゲット

を得る，を受け取る

211

study

[stʌ́di]

スタディ

(を)勉強する　名 勉強

212

walk

[wɔːk]

ウォーク

歩く

▶ walk to school 歩いて学校に行く

213 **listen** [lís(ə)n] リスン	聞く ▶ listen to ～ ～を聞く ★ 発音注意
214 **drink** [driŋk] ドゥリンク	を飲む 名 飲み物
215 **swim** [swim] スウィム	泳ぐ
216 **meet** [miːt] ミート	(に)会う
217 **cook** [kuk] クック	(を)料理する 名 コック
218 **start** [stɑːrt] スタート	始まる，を始める
219 **talk** [tɔːk] トーク	話す，しゃべる
220 **teach** [tiːtʃ] ティーチ	(学科など)を教える 参 teacher 先生，教師

221	**clean** [kliːn] クリーン	をきれいにする，をそうじする
222	**help** [help] へるプ	を助ける，を手伝う　㊔ 助け
223	**love** [lʌv] らヴ	を愛する，が大好きである
224	**sit** [sit] スィット	すわる ⇔ stand 立つ
225	**stand** [stænd] スタンド	立つ ⇔ sit すわる
226	**work** [wəːrk] ワ～ク	働く
227	**jump** [dʒʌmp] ヂャンプ	とぶ
228	**brush** [brʌʃ] ブラッシ	をみがく　㊔ ブラシ ► brush *one's* hair 髪をとく

229 **dance** [dæns] ダンス	踊る 名 ダンス 参 dancer ダンサー
230 **fly** [flai] ふらイ	飛ぶ
231 **skate** [skeit] スケイト	スケートをする 参 skater スケートをする人
232 **stop** [stɑ(:)p] スタ(ー)ップ	を止める，止まる
233 **enjoy** [indʒɔ́i] インヂョイ	を楽しむ
234 **practice** [prǽktis] プラクティス	を練習する
235 **put** [put] プット	を置く

動詞をたくさん覚えたね！

ミニテストにチャレンジ！

❶ 私たちは２匹の小さい犬を飼っています。

We (　　　　) two small dogs.

❷ 彼は私の兄[弟]です。

He (　　　　) my brother.

❸ 私はＥメールを使いません。

I don't (　　　　) e-mails.

❹ 彼はよくテレビで野球の試合を見ます。

He often (　　　　) baseball games on TV.

❺ 彼女は毎週水曜日にテニスを練習します。

She (　　　　) tennis on Wednesdays.

❻ あの美しい山が見えますか。

Do you (　　　　) that beautiful mountain?

こたえ ❶ have (→188) ❷ is (→185) ❸ use (→203)
❹ watches (→200) ❺ practices (→234) ❻ see (→196)

学校で習う単語 形容詞

形容詞

236 **good** [gud] グッド	よい，じょうずな
237 **old** [ould] オウるド	古い ⇔ new 新しい
238 **new** [nuː] ヌー	新しい ⇔ old 古い
239 **fine** [fain] ふァイン	元気で，晴れた，すばらしい
240 **nice** [nais] ナイス	すてきな，よい
241 **right** [rait] ライト	正しい ★ 発音注意
242 **big** [big] ビッグ	大きい ⇔ small，little 小さい

次は形容詞！

243 **small**
[smɔːl]
スモーる

小さい
⇔ big, large 大きい

244 **little**
[lítl]
りトゥる

小さい
⇔ big 大きい

245 **long**
[lɔ(ː)ŋ]
ろ(ー)ング

長い，長さが～の
★長さ・距離・時間に使う
⇔ short 短い

246 **short**
[ʃɔːrt]
ショート

短い
★長さ・距離・時間に使う
⇔ long 長い

247 **high**
[hai]
ハイ

高い，高さが～ある
★発音注意

248 **cute**
[kjuːt]
キュート

かわいい

249 **next**
[nekst]
ネクスト

次の

250 **great**
[greit]
グレイト

すばらしい

No.	単語	意味
251	**hungry** [hʌ́ŋgri] ハングリィ	空腹の
252	**cold** [kould] コウるド	寒い，冷たい　名 風邪 ⇔ hot 暑い，熱い
253	**hot** [hɑ(:)t] ハ(ー)ット	暑い，熱い ⇔ cold 寒い，冷たい
254	**favorite** [féiv(ə)rət] ふェイヴ(ァ)リット	お気に入りの
255	**ready** [rédi] レディ	用意ができて ▶ be ready for ～ ～の用意ができている ★ 発音注意
256	**beautiful** [bjúːtəf(ə)l] ビューティふる	美しい
257	**Chinese** [tʃàiníːz] チャイニーズ	中国の
258	**last** [læst] らスト	最後の

259

wonderful

[wʌ́ndərf(ə)l]

ワンダふる

すばらしい

● fineのいろいろな使い方

天気や体調などがよいことを表すfineですが，会話ではそのほかの意味でも使われます。たとえば，「土曜日はどう？」といった提案にThat's fine.と答えると，「それ（＝あなたの提案通り）でいいです」と同意する言い方になります。また，食べ物や飲み物のおかわりをすすめられたときなどにI'm fine, thank you.と答えれば，「もう結構［十分］です」という意味になります。

ミニテストにチャレンジ!

1 私のおじは古いギターを持っています。

My uncle has an (　　　　) guitar.

2 そのプールは長さが 50 メートルです。

The pool is 50 meters (　　　　).

3 オーストラリアでは 1 月は暑いです。

It is (　　　　) in January in Australia.

4 このシャツは私には大きすぎます。

This shirt is too (　　　　) for me.

5 あれは私のお気に入りのレストランです。

That is my (　　　　) restaurant.

6 彼女はかわいい犬を飼っています。

She has a (　　　　) dog.

こたえ ❶ old (→237) ❷ long (→245) ❸ hot (→253) ❹ big (→242) ❺ favorite (→254) ❻ cute (→248)

副詞

260 **not** [nɑ(ː)t] ナ(ー)ット	(be 動詞・助動詞の直後に置いて) ～でない，～しない ★be動詞の否定：am not, is not [isn't], are not [aren't] 一般動詞の否定：do not [don't] / does not [doesn't] ＋動詞の原形 助動詞の否定：cannot [can't]
261 **here** [hiər] ヒア	ここに，ここで，ここへ
262 **very** [véri] ヴェリィ	とても
263 **too** [tuː] トゥー	～もまた，(形容詞・副詞の前に置いて)あまりに～すぎる
264 **often** [ɔ́(ː)f(ə)n] オ(ー)ふン	しばしば，よく
265 **now** [nau] ナウ	今

266 **there** [ðeər] ぜア	そこに，そこで，そこへ
267 **o'clock** [əklá(:)k] オクら(ー)ック	～時 ★「～時～分」というときには使わない ▶ six o'clock 6時
268 **up** [ʌp] アップ	上へ，上に ⇔ down 下へ，下に
269 **down** [daun] ダウン	下へ，下に ⇔ up 上へ，上に
270 **fast** [fæst] ふアスト	速く　形 速い
271 **really** [rí:(ə)li] リー(ア)りィ	本当に
272 **usually** [jú:ʒu(ə)li] ユージュ(ア)りィ	ふつう，たいてい
273 **well** [wel] ウエる	じょうずに，うまく，よく

274

out
[aut]
アウト

外へ，外に

275

sometimes
[sʌ́mtaimz]
サムタイムズ

ときどき

276

always
[ɔ́ːlweiz]
オーるウェイズ

いつも

277

just
[dʒʌst]
ヂャスト

ただ，ちょうど

278

only
[óunli]
オウンりィ

ただ～だけ
★ 発音注意

279

around
[əráund]
アラウンド

～ころ，およそ
= about
▶ around noon 正午ごろ

280

also
[ɔ́ːlsou]
オーるソウ

～もまた

281

then
[ðen]
ゼン

それから，それでは

ミニテストにチャレンジ！

❶ 私(わたし)はふつう朝食(ちょうしょく)にパンを食(た)べます。

I (　　　　) eat bread for breakfast.

❷ 私(わたし)の姉(あね)［妹(いもうと)］は速(はや)く走(はし)ることができます。

My sister can run (　　　　).

❸ ここで食(た)べてはいけません。

Don't eat (　　　　).

❹ その物語(ものがたり)は本当(ほんとう)に長(なが)いです。

The story is (　　　　) long.

❺ 私(わたし)はとても空腹(くうふく)です。

I'm (　　　　) hungry.

❻ 冬(ふゆ)にときどき雪(ゆき)が降(ふ)ります。

It (　　　　) snows in winter.

こたえ ❶ usually (→272) ❷ fast (→270) ❸ here (→261) ❹ really (→271) ❺ very (→262) ❻ sometimes (→275)

前置詞

282 **in** [in] イン	①(場所・位置を示して)～の中に[で] ▶ in the park 公園の中で ②(時間を示して)～に ▶ in the morning 朝[午前中]に
283 **to** [tuː] トゥー	①(運動の方向・目的地を示して)～へ，～に ▶ go to Canada カナダへ行く ②(範囲・程度を示して)～まで ▶ from one to ten 1から10まで
284 **at** [æt] アット	①(場所・位置を示して)～に，～で ▶ at school 学校で ②(時間を示して)～に ▶ at seven o'clock 7時に
285 **on** [ɑ(ː)n] ア(ー)ン	①～の上に ▶ on the table テーブルの上に ②(日時を示して)～に ▶ on Sunday 日曜日に ③(手段・道具を示して)～で ▶ on the radio ラジオで
286 **for** [fɔːr] ふォー	①～のために ▶ buy a book for him 彼に本を買う ②(時間・距離を示して)～の間 ▶ for one hour 1時間

287 **of** [ʌv] アヴ

(所有・所属などを示して)～の

▶ a picture of my dog 私の犬の写真

288 **by** [bai] バイ

①(位置・場所を示して)～のそばに

▶ by the window 窓ぎわに

②(手段・方法を示して)～で，～によって

▶ go by bus バスで行く

289 **with** [wið] ウィず

①～といっしょに

▶ with my friend 友だちといっしょに

②(道具・手段・材料を示して)～で，～を使って

▶ take pictures with her camera 彼女のカメラで写真をとる

290 **from** [frʌm] ふラム

①(場所を示して)～から

▶ How far is it from here to the station? ここから駅までどのくらいありますか。

②(時間・順序を示して)～から

▶ from 10 a.m. to 5 p.m. 午前10時から午後5時まで

③(出身地を示して)～出身で

▶ I'm from Japan. 私は日本出身です。

291 **under** [ʌ́ndər] アンダァ

～の下に

▶ under the chair いすの下に

292 **after** [ǽftər] アふタァ

～の後に

⇔ before ～の前に

▶ after school 放課後(に)

293	
before [bifɔ́ːr] ビふォー	～の前に ⇔ after ～の後に ▶ before six o'clock 6時前に
294	
about [əbáut] アバウト	～について(の)　副 およそ，約 ▶ a book about Japan 日本についての本
295	
near [niər] ニア	～の近くに ▶ near my house 私の家の近くに

冠詞

296	
the (母音の前) [ði]/(子音の前) [ðə] ずィ / ざ	その，あの ★ 1度用いた名詞をふたたび用いる場合，または状況や前後の関係でどれを指すかがわかる場合に，その名詞の前につける
297	
a, an [ə] [æn] ア　アン	1つの，1人の ★ 数えられる名詞の単数形の前につける ★ an は発音が母音で始まる語の前につく

接続詞（せつぞくし）

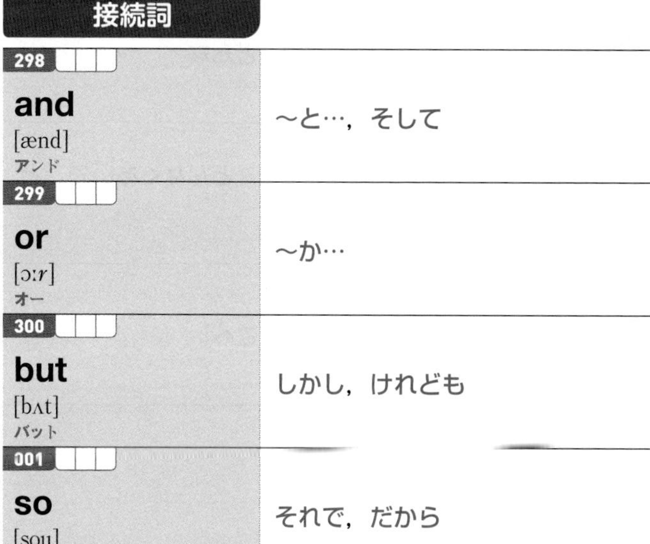

No.	単語	意味
298	**and** [ænd] アンド	～と…，そして
299	**or** [ɔːr] オー	～か…
300	**but** [bʌt] バット	しかし，けれども
001	**so** [sou] ソウ	それで，だから

助動詞（じょどうし）

No.	単語	意味
302	**can** [kæn] キャン	～することができる，～してもよい 否短 can't

疑問詞（ぎもんし）

303 **what** [(h)wʌt] (フ)ワット	何（なに），何（なん）の，どんな
304 **how** [hau] ハウ	どうやって，どんなぐあいで，どれくらい
305 **where** [(h)weər] (フ)ウェア	どこに，どこへ
306 **when** [(h)wen] (フ)ウェン	いつ
307 **who** [hu:] フー	だれ，だれが
308 **whose** [hu:z] フーズ	だれの
309 **which** [(h)witʃ] (フ)ウィッチ	どちら，どれ，どの
310 **why** [(h)wai] (フ)ワイ	なぜ，どうして

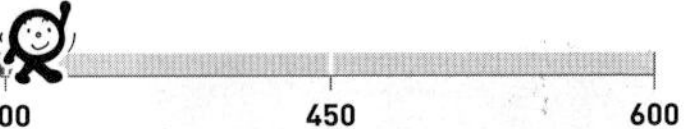

代名詞

No.	単語	意味
311	**everyone** [évriwʌn] エヴリワン	みんな，だれでも
312	**one** [wʌn] ワン	(前に述べられた名詞の代わりとして)もの，1つ

数量

No.	単語	意味
313	**every** [évri] エヴリィ	毎～，あらゆる，すべての
314	**some** [sʌm] サム	いくつかの，いくらかの
315	**many** [méni] メニィ	たくさんの，多数の
316	**all** [ɔːl] オーる	すべての，あらゆる
317	**any** [əni] エニィ	(疑問文で)いくつかの，何か， (否定文で)少しも，何も

敬称

318 **Mr.** [místər] ミスタァ	～さん，～氏，～先生 ★男性の姓または姓名の前につける
319 **Ms.** [miz] ミズ	～さん，～先生 ★結婚している，していないに関係なく，女性の姓または姓名の前につける

1 私は毎週末にテニスをします。

I play tennis (　　　　) weekend.

2 このバッグは小さいです。私は大きいのがほしいです。

This bag is small. I want a big (　　　　).

3 あなたはコーヒーと紅茶のどちらが好きですか。

Which do you like, coffee (　　　　) tea?

4 彼はよく友だちといっしょに釣りに行きます。

He often goes fishing (　　　　) his friends.

5 あなたの誕生日はいつですか。

(　　　　) is your birthday?

6 あなたのネコはあの木の下にいます。

Your cat is (　　　　) that tree.

こたえ ① every (→313)　② one (→312)　③ or (→299)　④ with (→289)　⑤ When (→306)　⑥ under (→291)

英検にでる単語 251

単語編

名詞 …… 70

動詞 …… 93

形容詞 …… 95

副詞・そのほか …… 98

ミニテストにチャレンジ！ …… 99

数・序数 …… 100

代名詞 …… 104

ミニテストにチャレンジ！ …… 107

コラム …… 86

学習日 ／ ／ ／

家

320 **chair** [tʃeər] チェア	いす
321 **magazine** [mǽgəziːn] マガズィーン	雑誌 ★アクセント注意
322 **phone** [foun] ふォウン	電話 ▶ talk on the phone 電話で話す
323 **bathroom** [bǽθruːm] バすルーム	浴室 ★米国の家では，浴室が洗面所やトイレといっしょになっていることが多い
324 **hat** [hæt] ハット	(縁のある)帽子 cap (縁のない)帽子
325 **cup** [kʌp] カップ	カップ
326 **kitchen** [kítʃ(ə)n] キチン	台所

327 **desk** [desk] デスク	机(つくえ) ★ふつう引(ひ)き出(だ)しつきの勉強用(べんきょうよう)・事務用(じむよう)のもの
328 **basket** [bǽskət] バスケット	かご
329 **garden** [gάːrd(ə)n] ガードゥン	庭(にわ)
330 **bedroom** [bédruːm] ベッドルーム	寝室(しんしつ)
331 **newspaper** [núːzpèipər] ヌーズペイパァ	新聞(しんぶん) ㊁ paper
332 **shirt** [ʃəːrt] シャ～ト	シャツ
333 **DVD** [dìːviːdíː] ディーヴィーディー	DVD
334 **floor** [flɔːr] ふろー	床(ゆか)，階(かい)

No.	単語	意味
335	**glove** [glʌv] グらヴ	(ふつうglovesで)手袋(てぶくろ), グローブ ★発音注意(はつおんちゅうい)
336	**living room** [líviŋ ruːm] りヴィング ルーム	居間(いま)
337	**shoe** [ʃuː] シュー	(ふつうshoesで)くつ
338	**jacket** [dʒǽkit] ヂャケット	ジャケット, (腰(こし)までの)上着(うわぎ)
339	**postcard** [póus(t)kɑːrd] ポウス(ト)カード	はがき, 絵(え)はがき
340	**shower** [ʃáuər] シャウア	シャワー
341	**sofa** [sóufə] ソウふァ	ソファー
342	**album** [ǽlbəm] アるバム	アルバム

343
card
[kɑːrd]
カード

カード，はがき

344
curtain
[kə́ːrt(ə)n]
カ～トゥン

カーテン

345
diary
[dáiəri]
ダイアリィ

日記（にっき）

346
dining room
[dáiniŋ ruːm]
ダイニング ルーム

食堂（しょくどう），ダイニングルーム

347
radio
[réidiou]
レイディオウ

ラジオ
★ 発音注意（はつおんちゅうい）

348
towel
[táu(ə)l]
タウ(エ)る

タオル

349
backpack
[bǽkpæk]
バックパック

バックパック

350
calendar
[kǽləndər]
キャれンダァ

カレンダー
★ アクセント注意（ちゅうい）

351 **coat** [kout] コウト	コート
352 **pocket** [pá(:)kət] パ(ー)ケット	ポケット
353 **skirt** [skəːrt] スカ～ト	スカート
354 **toy** [tɔi] トイ	おもちゃ
355 **wall** [wɔːl] ウォーる	壁

時

356 **minute** [mínit] ミニット	(時間の)分

学校

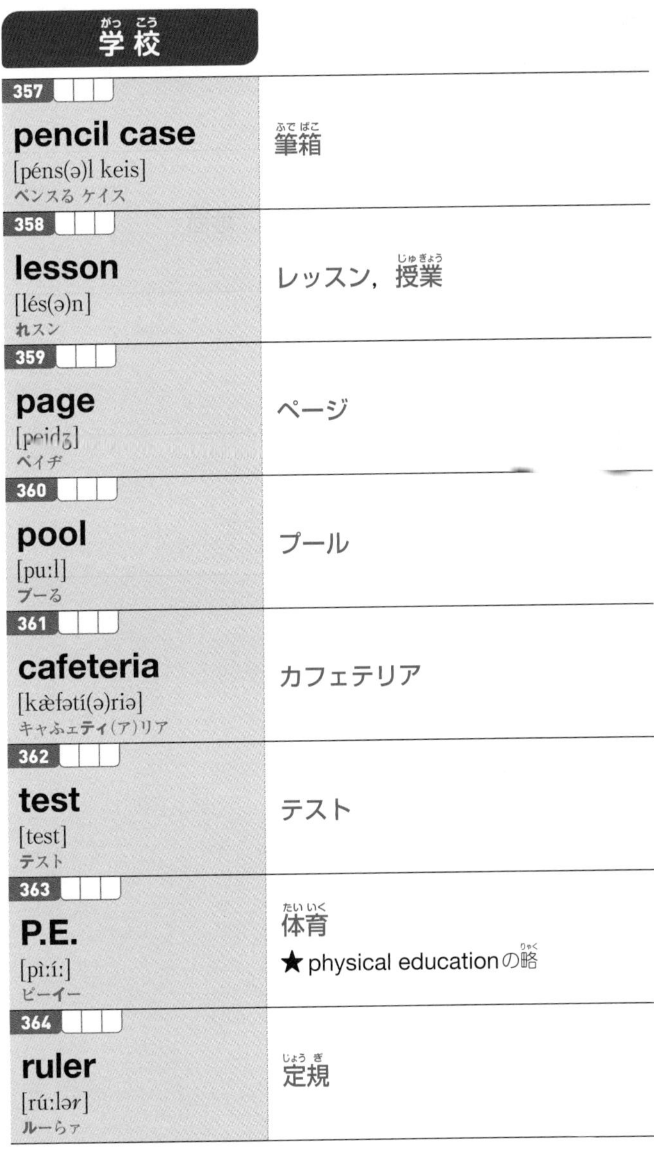

357 **pencil case** [péns(ə)l keis] ペンスる ケイス — 筆箱

358 **lesson** [lés(ə)n] れスン — レッスン，授業

359 **page** [peidʒ] ペイヂ — ページ

360 **pool** [pu:l] プーる — プール

361 **cafeteria** [kæfətí(ə)riə] キャふェティ(ア)リア — カフェテリア

362 **test** [test] テスト — テスト

363 **P.E.** [pì:í:] ピーイー — 体育
★physical educationの略

364 **ruler** [rú:lər] ルーらァ — 定規

365 **blackboard** [blǽkbɔːrd] ブラックボード	黒板（こくばん）
366 **ground** [graund] グラウンド	グラウンド，地面（じめん）
367 **history** [híst(ə)ri] ヒストリィ	歴史（れきし）
368 **idea** [aidí(ː)ə] アイディ(ー)ア	考（かんが）え ★アクセント注意（ちゅうい）

人・職業

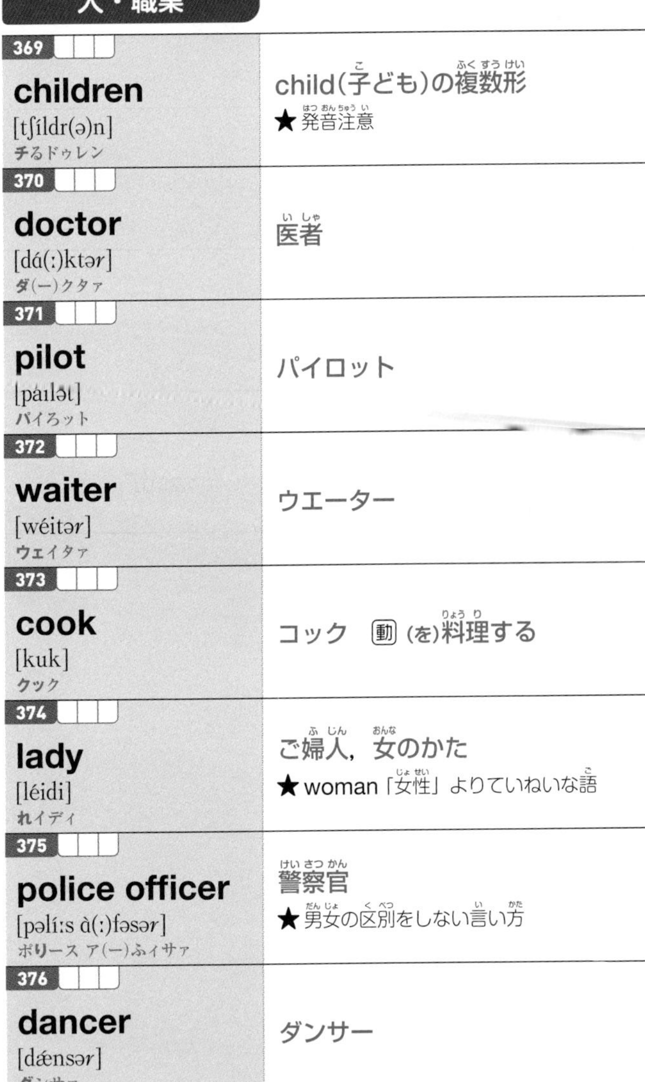

369
children
[tʃíldr(ə)n]
チるドゥレン
child(子ども)の複数形
★発音注意

370
doctor
[dá(:)ktər]
ダ(ー)クタァ
医者

371
pilot
[páɪlət]
パイろット
パイロット

372
waiter
[wéitər]
ウェイタァ
ウエーター

373
cook
[kuk]
クック
コック 動 (を)料理する

374
lady
[léidi]
れイディ
ご婦人，女のかた
★woman「女性」よりていねいな語

375
police officer
[pəlí:s à(:)fəsər]
ポリース ア(ー)ふィサァ
警察官
★男女の区別をしない言い方

376
dancer
[dǽnsər]
ダンサァ
ダンサー

377 **nurse** [nəːrs] ナ～ス	看護師
378 **pianist** [píːənist] ピーアニスト	ピアニスト
379 **driver** [dráivər] ドゥライヴァ	運転手
380 **firefighter** [fáiərfàitər] ふァイアふァイタァ	消防士 ★男女の区別をしない言い方

街（まち）

381 **store** [stɔːr] ストー	店（みせ）
382 **supermarket** [súːpərmàːrkət] スーパマーケット	スーパーマーケット
383 **office** [á(ː)fəs] ア(ー)ふィス	会社（かいしゃ），事務所（じむしょ）
384 **department store** [dipáːrtmənt stɔːr] ディパートメント ストー	デパート，百貨店（ひゃっかてん）
385 **ship** [ʃip] シップ	船（ふね）
386 **ticket** [tíkət] ティケット	チケット，切符（きっぷ）
387 **airport** [éərpɔːrt] エアポート	空港（くうこう）

No.	単語	意味
388	**bookstore** [búkstɔːr] ブックストー	書店（しょてん）
389	**bridge** [bridʒ] ブリッヂ	橋（はし）
390	**building** [bíldiŋ] ビるディング	建物（たてもの），ビル
391	**tower** [táuər] タウア	タワー，塔（とう）
392	**bank** [bæŋk] バンク	銀行（ぎんこう）
393	**bus stop** [bʌ́s stɑ(ː)p] バス スタ(ー)ップ	バス停（てい）
394	**gas station** [gǽs stèiʃ(ə)n] ギャス ステイション	ガソリンスタンド
395	**hotel** [hòutél] ホウテる	ホテル ★アクセント注意（ちゅうい）

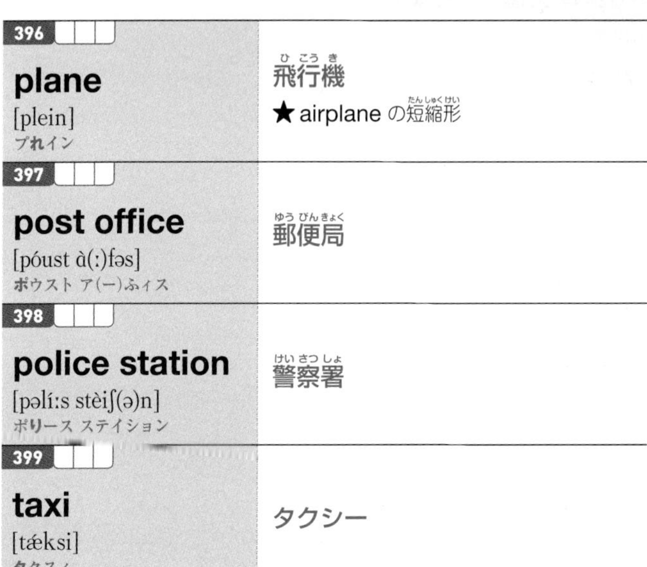

396 **plane**
[plein]
プれイン
飛行機（ひこうき）
★ airplane の短縮形（たんしゅくけい）

397 **post office**
[póust à(:)fəs]
ポウスト ア(ー)ふィス
郵便局（ゆうびんきょく）

398 **police station**
[pəlíːs stèiʃ(ə)n]
ポリース ステイション
警察署（けいさつしょ）

399 **taxi**
[tǽksi]
タクスィ
タクシー

食べ物・食事

400 **tea** [tiː] ティー	茶，紅茶
401 **pizza** [píːtsə] ピーツァ	ピザ
402 **plate** [pleit] プれイト	(浅い)皿 同 dish 皿
403 **potato** [pətéitou] ポテイトウ	ジャガイモ 複 potatoes
404 **cookie** [kúki] クッキィ	クッキー
405 **fruit** [fruːt] ふルート	果物
406 **spoon** [spuːn] スプーン	スプーン
407 **bread** [bred] ブレッド	パン

No.	単語	意味
408	**dish** [diʃ] ディッシ	皿 / 类 plate (浅い)皿
409	**grape** [greip] グレイプ	ブドウ
410	**strawberry** [strɔ́:bèri] ストゥローベリィ	イチゴ
411	**banana** [bənǽnə] バナナ	バナナ / ★アクセント注意
412	**chocolate** [tʃɔ́:klət] チョークれット	チョコレート / ★アクセント注意
413	**dessert** [dizə́:rt] ディザ〜ト	デザート
414	**hamburger** [hǽmbə:rgər] ハンバ〜ガァ	ハンバーガー
415	**jam** [dʒæm] ヂャム	ジャム

416 **lunchtime** [lʌ́ntʃtaim] らンチタイム	昼食時間(ちゅうしょくじかん)，ランチタイム
417 **meat** [miːt] ミート	肉(にく)
418 **tomato** [təméitou] トメイトウ	トマト 複 tomatoes ★発音注意(はつおんちゅうい)
419 **vegetable** [védʒtəbl] ヴェヂタブる	(ふつうvegetablesで)野菜(やさい)
420 **carrot** [kǽrət] キャロット	ニンジン
421 **chopstick** [tʃɑ́(ː)pstik] チャ(ー)ップスティック	(ふつうchopsticksで)はし
422 **cucumber** [kjúːkʌmbər] キューカンバァ	キュウリ
423 **fork** [fɔːrk] ふォーク	フォーク

424 **glass** [glæs] グラス	コップ，グラス
425 **onion** [ʌ́njən] アニョン	タマネギ ★発音注意
426 **soup** [suːp] スープ	スープ
427 **pie** [pai] パイ	パイ
428 **pumpkin** [pʌ́m(p)kin] パン(プ)キン	カボチャ
429 **salad** [sǽləd] サラッド	サラダ

家族

430
grandmother
[grǽn(d)mʌ̀ðər]
グラン(ド)マざァ

祖母
参 grandma おばあちゃん

431
grandfather
[grǽn(d)fɑ̀ːðər]
グラン(ド)ふァーざァ

祖父
参 grandpa おじいちゃん

●「兄」や「妹」，どう表す？

brother や sister は，それだけでは「兄」や「妹」のように，ほかのきょうだいに対して年上か年下かは表しません。そこで，年上なら older（より年上の）や big（年上の），年下は younger（より年下の）や little（年下の）を前に置いて，older sister や little brother のように表します。

スポーツ

432 **racket** [rǽkət] ラケット	ラケット
433 **score** [skɔːr] スコー	得点(とくてん)，スコア
434 **softball** [sɔ́(ː)ftbɔːl] ソ(ー)ふトボーる	ソフトボール
435 **bicycle** [báisikl] バイスィクる	自転車(じてんしゃ) ＝ bike
436 **football** [fútbɔːl] ふットボーる	フットボール ★イギリスではふつうサッカーまたはラグビーを指(さ)す
437 **badminton** [bǽdmint(ə)n] バドミントゥン	バドミントン ★アクセント注意(ちゅうい)

動物(どうぶつ)・自然(しぜん)

438

flower
[fláuər]
ふらウア

花(はな)

439

snow
[snou]
スノウ

雪(ゆき)　動 雪(ゆき)が降(ふ)る

440

hamster
[hǽmstər]
ハムスタァ

ハムスター

441

river
[rívər]
リヴァ

川(かわ)

442

rose
[rouz]
ロウズ

バラ

443

sea
[siː]
スィー

(ふつうthe seaで)海(うみ)

444

sky
[skai]
スカイ

(ふつうthe skyで)空(そら)

445

weather
[wéðər]
ウェざァ

天気(てんき)

446 **beach** [biːtʃ] ビーチ	浜辺，海辺
447 **dolphin** [dá(ː)lfin] ダ(ー)るふィン	イルカ
448 **elephant** [élif(ə)nt] エれふァント	ゾウ
449 **sheep** [ʃiːp] シープ	ヒツジ 複 sheep（単数形も複数形も同じ形）
450 **monkey** [mʌ́ŋki] マンキィ	サル

色

451

purple
[pə́ːrpl]
パ～プる

紫色　形 紫色の

音楽

452

concert
[kɑ́(ː)nsərt]
カ(ー)ンサト

コンサート

453

flute
[fluːt]
ふるート

フルート

季節・行事

454

party
[pɑ́ːrti]
パーティ

パーティー

単位

No.	単語	意味
455	**meter** [míːtər] ミータァ	メートル 略 m, m.
456	**yen** [jen] イェン	円 ★日本の貨幣単位
457	**kilogram** [kíləgræm] キろグラム	キログラム 略 kg, kg.
458	**centimeter** [séntəmìːtər] センティミータァ	センチメートル 略 cm, cm.
459	**cent** [sent] セント	セント ★米国・カナダなどの貨幣単位 ★1ドル＝100セント

言語(げんご)・世界(せかい)

460

French

[frentʃ]

ふレンチ

フランス語(ご)

461

Singapore

[síŋgəpɔːr]

スィンガポー

シンガポール

462

world

[wəːrld]

ワ～るド

(the worldで)世界(せかい)

体(からだ)

463

foot

[fut]

ふット

足(あし)

複 feet

464

ear

[iər]

イア

耳(みみ)

465

shoulder

[ʃóuldər]

ショウるダァ

肩(かた)

英検にでる単語　動詞

一般動詞

466 **buy** [bai] バイ	を買う
467 **cut** [kʌt] カット	を切る
468 **sleep** [sliːp] スリープ	眠る
469 **need** [niːd] ニード	を必要とする
470 **paint** [peint] ペイント	(絵の具で)を描く
471 **rain** [rein] レイン	雨が降る　名 雨
472 **call** [kɔːl] コール	に電話をかける

473 **camp** [kæmp] キャンプ	キャンプをする ▶ go camping キャンプに行(い)く
474 **find** [faind] ふァインド	を見(み)つける
475 **ski** [skiː] スキー	スキーをする 参 skier スキーをする人(ひと)
476 **think** [θiŋk] すィンク	(と)思(おも)う

英検にでる単語 形容詞

形容詞

No.	単語	意味
477	**tall** [tɔːl] トール	背の高い，高い，身長[高さ]が～の
478	**easy** [íːzi] イーズィ	簡単な
479	**happy** [hǽpi] ハピィ	幸せな
480	**pretty** [príti] プリティ	きれいな，かわいらしい
481	**sunny** [sʌ́ni] サニィ	太陽の照っている
482	**cloudy** [kláudi] クらウディ	くもった，くもりの
483	**rainy** [réini] レイニィ	雨の

484 **windy** [wíndi] ウィンディ	風(かぜ)の強(つよ)い，風(かぜ)の吹(ふ)く
485 **snowy** [snóui] スノウイ	雪(ゆき)の降(ふ)る
486 **young** [jʌŋ] ヤング	若(わか)い
487 **large** [lɑːrdʒ] らーヂ	大(おお)きい ⇔ small 小(ちい)さい
488 **slow** [slou] スろウ	遅(おそ)い ⇔ fast 速(はや)い
489 **fast** [fæst] ふァスト	速(はや)い　副 速(はや)く ⇔ slow 遅(おそ)い
490 **busy** [bízi] ビズィ	忙(いそが)しい ★ 発音注意(はつおんちゅうい)
491 **soft** [sɔ(ː)ft] ソ(ー)ふト	やわらかい

492 **sweet** [swiːt] スウィート	甘(あま)い
493 **warm** [wɔːrm] ウォーム	暖(あたた)かい ★発音注意(はつおんちゅうい)
494 **sleepy** [slíːpi] スリーピィ	眠(ねむ)い
495 **Italian** [itǽljən] イタリャン	イタリアの

副詞

496 together [təgéðər] トゥゲざァ

いっしょに

敬称

497 Mrs. [mísiz] ミスィズ

～さん，～夫人，～先生

★結婚している女性の姓または姓名の前につける

略語

498 a.m. [èi ém] エイエム

午前

⇔ p.m. 午後

ミニテストにチャレンジ！

1 彼らは図書館でいっしょに勉強します。

They study at the library (　　　　).

2 アイスクリームを買いましょう。

Let's (　　　　) some ice cream.

3 この花は美しいです。

This (　　　　) is beautiful.

4 この英語の本はとても簡単です。

This English book is very (　　　　).

5 私は新しいノートが必要です。

I (　　　　) a new notebook.

6 何人かの子どもたちが公園で遊んでいます。

Some (　　　　) are playing in the park.

こたえ ❶ together (→496) ❷ buy (→466) ❸ flower (→438) ❹ easy (→478) ❺ need (→469) ❻ children (→369)

英検にでる単語　数・序数

数

数	No.	単語	発音	読み方
1	499	**one**	[wʌn]	ワン
2	500	**two**	[tuː]	トゥー
3	501	**three**	[θriː]	すリー
4	502	**four**	[fɔː*r*]	ふォー
5	503	**five**	[faiv]	ふァイヴ
6	504	**six**	[siks]	スィックス
7	505	**seven**	[sév(ə)n]	セヴン
8	506	**eight**	[eit]	エイト
9	507	**nine**	[nain]	ナイン
10	508	**ten**	[ten]	テン
11	509	**eleven**	[ilév(ə)n]	イれヴン
12	510	**twelve**	[twelv]	トゥウェるヴ

	No.	Word	Pronunciation
13	511	**thirteen**	[θəːrtíːn] さ～ティーン
14	512	**fourteen**	[fɔ̀ːrtíːn] ふォーティーン
15	513	**fifteen**	[fìftíːn] ふィふティーン
16	514	**sixteen**	[sìkstíːn] スィクスティーン
17	515	**seventeen**	[sèv(ə)ntíːn] セヴンティーン
18	516	**eighteen**	[èitíːn] エイティーン
19	517	**nineteen**	[nàintíːn] ナインティーン
20	518	**twenty**	[twénti] トゥウェンティ
30	519	**thirty**	[θə́ːrti] さ～ティ
40	520	**forty**	[fɔ́ːrti] ふォーティ
50	521	**fifty**	[fífti] ふィふティ
60	522	**sixty**	[síksti] スィクスティ
70	523	**seventy**	[sév(ə)nti] セヴンティ

80	524	**eighty**	[éiti] エイティ
90	525	**ninety**	[náinti] ナインティ
100	526	**hundred**	[hʌ́ndrəd] ハンドゥレッド
1000	527	**thousand**	[θáuz(ə)nd] さウザンド

序数

1番目の	528	**first**	[fəːrst] ふァ～スト
2番目の	529	**second**	[sék(ə)nd] セカンド
3番目の	530	**third**	[θəːrd] さ～ド
4番目の	531	**fourth**	[fɔːrθ] ふォーす
5番目の	532	**fifth**	[fifθ] ふィふす
6番目の	533	**sixth**	[siksθ] スィックスす
7番目の	534	**seventh**	[sév(ə)nθ] セヴンす
8番目の	535	**eighth**	[eitθ] エイトゥす
9番目の	536	**ninth**	[nainθ] ナインす
10番目の	537	**tenth**	[tenθ] テンす
11番目の	538	**eleventh**	[ilév(ə)nθ] イれヴンす
12番目の	539	**twelfth**	[twelfθ] トゥウェるふす

英検にでる単語 代名詞

	主格 ～は	所有格 ～の
私	540 **I** [ai] アイ	541 **my** [mai] マイ
あなた あなたたち	544 **you** [juː] ユー	545 **your** [juər] ユア
彼	548 **he** [hiː] ヒー	549 **his** [hiz] ヒズ
彼女	552 **she** [ʃiː] シー	553 **her** [həːr] ハ～
それ	556 **it** [it] イット	557 **its** [its] イッツ
私たち	559 **we** [wiː] ウィー	560 **our** [áuər] アウア
彼ら，彼女たち それら	563 **they** [ðei] ゼイ	564 **their** [ðeər] ゼア

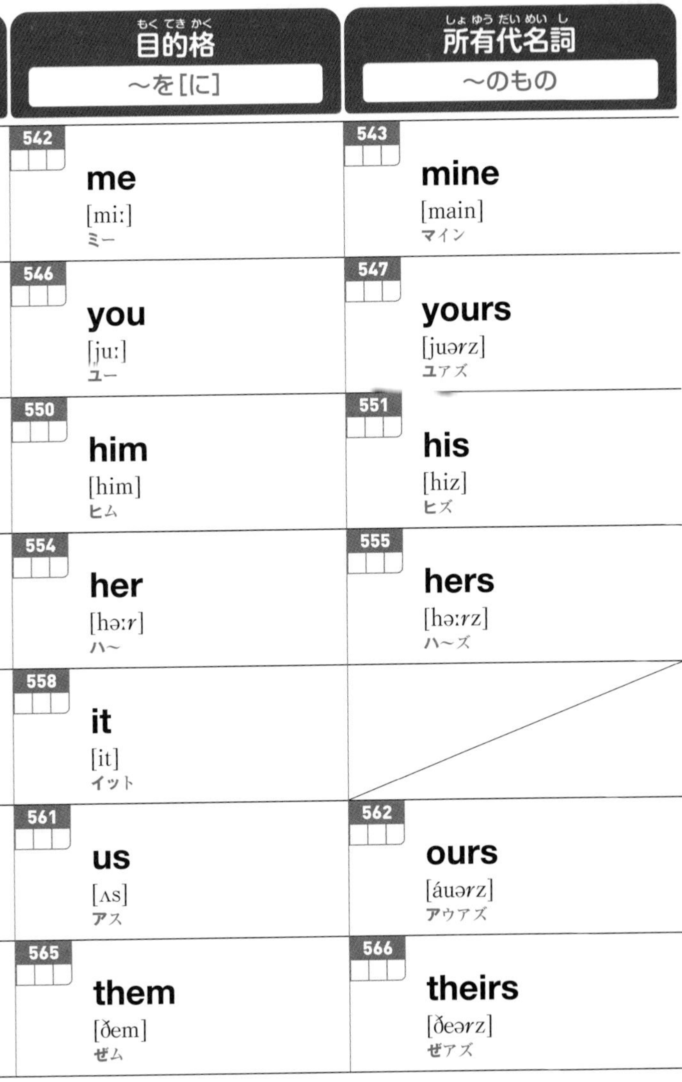

目的格（もくてきかく） ～を[に]	所有代名詞（しょゆうだいめいし） ～のもの
542 **me** [miː] ミー	543 **mine** [main] マイン
546 **you** [juː] ユー	547 **yours** [juərz] ユアズ
550 **him** [him] ヒム	551 **his** [hiz] ヒズ
554 **her** [həːr] ハ～	555 **hers** [həːrz] ハ～ズ
558 **it** [it] イット	
561 **us** [ʌs] アス	562 **ours** [áuərz] アウアズ
565 **them** [ðem] ゼム	566 **theirs** [ðeərz] ゼアズ

指示代名詞

567 **this** [ðis] ずィス	これ 形 この
568 **that** [ðæt] ざット	あれ，それ 形 あの，その
569 **these** [ði:z] ずィーズ	これら 形 これらの
570 **those** [ðouz] ぞウズ	あれら，それら 形 あれらの，それらの

ミニテストにチャレンジ！

❶ 私たちのクラブには15人の生徒がいます。

Our club has (　　　　) students.

❷ 12月は1年で12番目の月です。

December is the (　　　　) month of the year.

❸ 彼女は3階に住んでいます。

She lives on the (　　　　) floor.

❹ あれは私の本です。

(　　　　) is my book.

❺ 彼の祖母は100歳です。

His grandmother is one (　　　　) years old.

❻ 彼らはバレーボールの選手です。

(　　　　) are volleyball players.

こたえ ❶ fifteen (→513) ❷ twelfth (→539) ❸ third (→530) ❹ That (→568) ❺ hundred (→526) ❻ They (→563)

熟語編

動詞を中心とした熟語 …… 110

そのほかの熟語 …… 115

ミニテストにチャレンジ！ …… 118

学習日　／　／　／

動詞を中心とした熟語

571 **come from ~**	~の出身である ＝ be動詞(am/are/is) + from ~
Where do you **come from**? — I **come from** Australia.	あなたはどこの出身ですか。— 私はオーストラリア出身です。
572 **come to ~**	~に来る
Can you **come to** my house today?	今日私の家に来られますか。
573 **do *one's* homework**	宿題をする
I **do my homework** before dinner.	私は夕食の前に宿題をします。
574 **get up**	起きる
She usually **gets up** at 7 a.m.	彼女はたいてい午前7時に起きます。

575 **go *doing***	～しに行く
We often **go swimming** in summer.	私たちは夏によく泳ぎに行きます。
576 **go home**	家に帰る
Let's **go home**.	家に帰りましょう。
577 **go to ～**	～へ行く
I **go to** the library on Sundays.	私は毎週日曜日に図書館へ行きます。
578 **like *doing***	～することが好きである
I **like singing** very much.	私は歌うことが大好きです。

579 **listen to ～**	～を聞く
He sometimes **listens to** music with his friends.	彼はときどき友だちと音楽を聞きます。
580 **live in ～**	～に住んでいる
They **live in** a big city.	彼らは大都市に住んでいます。
581 **look at ～**	～を見る
Please **look at** this picture.	この絵を見てください。
582 **sit down**	すわる
Please **sit down**.	おすわりください。

583 **sleep in bed**	ベッドで眠る
He is **sleeping in bed**.	彼はベッドで眠っています。
584 **speak to ～**	～と話す
Can I **speak to** John?	ジョンと話せますか。 (電話で) ジョンと話したいのですが。
585 **stand up**	立ち上がる
Please **stand up**.	立ってください。
586 **take a picture**	写真をとる
Let's **take** some **pictures** with this camera.	このカメラで何枚か写真をとりましょう。

587	
take a shower	シャワーを浴びる
He is **taking a shower** now.	彼は今シャワーを浴びています。

588	
talk about ～	～について話す
Let's **talk about** our favorite movies.	私たちのお気に入りの映画について話しましょう。

そのほかの熟語

589 **a cup of ～**	カップ１杯の～
Can you make **a cup of** coffee?	コーヒーを１杯作ってくれますか。
590 **a glass of ～**	コップ１杯の～
I want **a glass of** milk, Mom.	お母さん，牛乳を１杯ほしいな。
591 **a lot of ～**	たくさんの～ ＝ lots of ～
She has **a lot of** comic books.	彼女はたくさんの漫画本を持っています。
592 **after school**	放課後
Let's play soccer **after school**.	放課後にサッカーをしましょう。

593	
at home	家で[に]
Is your mother **at home**?	あなたのお母さんは家にいますか。

594	
at school	学校で
We study English **at school**.	私たちは学校で英語を勉強します。

595	
from *A* to *B*	(場所，時間，範囲など) AからBまで
The party is **from** 3:00 p.m. **to** 6:00 p.m.	そのパーティーは午後3時から午後6時までです。

596	
in the morning	朝[午前中]に 参 in the afternoon 午後に
He gets up early **in the morning**.	彼は朝早くに起きます。

597	
on TV	テレビで
We sometimes enjoy movies **on TV**.	私(わたし)たちはときどきテレビで映画(えいが)を楽(たの)しみます。
598	
on weekends	毎週末(まいしゅうまつ)に ＝ every weekend 参 on the weekend 週末(しゅうまつ)に
I run on the beach **on weekends**.	私(わたし)は毎週末(まいしゅうまつ)に海辺(うみべ)を走(はし)ります。
599	
over there	あそこに，向(む)こうに
The bank is **over there**.	銀行(ぎんこう)はあそこにあります。
600	
～ year(s) old	～歳(さい)
My sister is 15 **years old**.	私(わたし)の姉(あね)［妹(いもうと)］は15歳(さい)です。

ミニテストにチャレンジ！

❶ 私(わたし)の父(ちち)は家(いえ)で仕事(しごと)をします。

My father works (　　　) (　　　).

❷ いっしょに写真(しゃしん)をとりましょう。

Let's (　　　) (　　　) (　　　) together.

❸ 私(わたし)のおばはたくさんの本(ほん)を持(も)っています。

My aunt has (　　　) (　　　) (　　　) books.

❹ 夕食(ゆうしょく)の前(まえ)に宿題(しゅくだい)をしなさい。

(　　　) (　　　) (　　　) before dinner.

❺ 彼女(かのじょ)はよく音楽(おんがく)を聞(き)きます。

She often (　　　) (　　　) music.

❻ 彼(かれ)は午前中(ごぜんちゅう)に部屋(へや)をそうじします。

He cleans his room (　　　) (　　　) (　　　).

こたえ ❶ at home (→593) ❷ take a picture (→586) ❸ a lot of (→591) ❹ Do your homework (→573) ❺ listens to (→579) ❻ in the morning (→596)

会話表現編

短い応答 …… 120

あいさつ・呼びかけ …… 124

お礼・おわび …… 128

いろいろな質問 …… 129

依頼・誘い …… 134

命令・禁止 …… 135

時に関する表現 …… 136

●

コラム …… 133

学習日 ／ ／ ／

短い応答

001

Yes.

はい。

002

No.

いいえ。

003

OK.

いいですよ。

004

Sure.

いいですよ。, もちろん。

005

Oh.

おお。, おや。, あら。(驚き, 喜び, 悲しみなどを表す)

006

Wow!

わあ！

007

Yes, please.

はい，お願いします。

008

Yes, very much.

はい，とても。

009

No, thanks. ／No, thank you.

いいえ，けっこうです。

010

I see.

わかりました。

011

Me, too.

私もです。

012

That’s OK.

大丈夫ですよ。

013

All right.

いいですよ。

014

That's right.

そのとおりです。

015

You're right.

あなたの言(い)うとおりです。

016

That's great.

すごいですね。

017

Here it is.

ここにありますよ。

018

Here you are.

はい，どうぞ。

019

Of course.

もちろんです。

020

Good idea.

よい考(かんが)えですね。

021

Good job.

よくできました。

022

That’s all.

それで全部(ぜんぶ)です。，それだけです。

023

I’m coming.

今(いま)行(い)きます。

024

You’re welcome.

どういたしまして。（お礼(れい)に対(たい)して）

あいさつ・呼びかけ

025

Nice to meet you.

はじめまして。

026

I'm Steve.

私はスティーブです。

027

My name is Ben Smith.

私の名前はベン・スミスです。

028

This is my friend, Jack.

こちらは私の友だちのジャックです。

029

Hello.

こんにちは。，(電話で)もしもし。

030

Hi.

こんにちは。，やあ。

031

How are you?

お元気ですか。

032

Fine, thanks. And you?

元気です，ありがとう。あなたは？

033

How are you doing?

いかがお過ごしですか。

034

Good morning.

おはようございます。

035

Good evening.

こんばんは。

036

Good night.

おやすみなさい。

037 □□□

Welcome to my house.

私(わたし)の家(いえ)へようこそ。

038 □□□

Have fun!

楽(たの)しんでね！

039 □□□

Have a nice day.

よい1日(にち)を。

040 □□□

Have a nice weekend.

よい週末(しゅうまつ)を。

041 □□□

Thanks. You, too.

ありがとう。あなたも。

042 □□□

Goodbye.

さようなら。

043

Bye.

さようなら。

044

See you later.

またあとで。，さようなら。

045

See you tomorrow.

また明日(あした)。

046

See you on Wednesday.

また水曜日(すいようび)に。

047

Excuse me.

すみません。

お礼・おわび

048

Thank you very much.

どうもありがとうございます。

049

Thank you for your present.

プレゼントをありがとう。

050

I'm sorry.

ごめんなさい。

いろいろな質問

051

Is this your bag?

これはあなたのかばんですか。

052

Is your father at home?

あなたのお父さんは家にいますか。

053

Do you have a dictionary?

あなたは辞書を持っていますか。

054

Do you like tennis?

あなたはテニスが好きですか。

055

Do you speak Japanese?

あなたは日本語を話しますか。

056

Does this bus go to the zoo?

このバスは動物園に行きますか。

Thank you for ～.「～をありがとう」はよく使うよ。

057

What are you doing?

あなたは何(なに)をしているのですか。

058

What do you do on Sundays?

あなたは毎週日曜日(まいしゅうにちようび)に何(なに)をしますか。

059

What do you want for lunch?

あなたは昼食(ちゅうしょく)に何(なに)がほしいですか。

060

When is your birthday?

あなたの誕生日(たんじょうび)はいつですか。

061

Where are you from?

あなたはどちらのご出身(しゅっしん)ですか。

062

Where do you play baseball?

あなたはどこで野球(やきゅう)をしますか。

063

Where is the bookstore?

書店はどこですか。

064

Which cake do you want?

あなたはどちらのケーキがほしいですか。

065

Which do you want, tea or coffee?

あなたは紅茶とコーヒーのどちらがほしいですか。

066

Who is that man?

あの男性はだれですか。

067

Whose bike is that?

あれはだれの自転車ですか。

068

How do you go to school?

あなたはどうやって学校に行きますか。

069

How is the weather today?

今日の天気はどうですか。

070

How long is the English lesson?

英語の授業はどれくらいの長さですか。

071

How many CDs do you have?

あなたはCDを何枚持っていますか。

072

How much are these oranges?

これらのオレンジはいくらですか。

073

How old are you?

あなたは何歳ですか。

074

How tall is your father?

あなたのお父さんの身長はどれくらいですか。

075

How about you?

あなたはどうですか。

●質問するときは声の上げ下げがカギ

疑問文では，話すときの声の上げ下げにルールがあります。be動詞や一般動詞，助動詞の疑問文，つまりYesかNoで答えられる質問は，文末に向けて上げ調子で読みますが，whatやwhenなどの疑問詞で始める質問は，逆に下げ調子で終わります。また，A or B「AとBのどちら…」とたずねる質問では，Aの部分を上げ，あとのBは下げます。それぞれ音声を聞いて確認してみましょう。

依頼・誘い

076

Can you help me?

手伝ってもらえますか。

077

Can you open the window?

窓を開けてもらえますか。

078

Come on.

(急いで)おいで。

079

Let's have some ice cream.

アイスクリームを食べましょう。

080

Let's play soccer this afternoon.

今日の午後，サッカーをしましょう。

命令・禁止

081

Wash your hands before breakfast.

朝食の前に手を洗いなさい。

082

Please close the window.

窓を閉めてください。

083

Please come in.

どうぞお入りください。

084

Don't run.

走ってはいけません。

085

You can't eat in the classroom.

教室で食べてはいけません。

時に関する表現

086

It's time for bed.

寝る時間ですよ。

087

What time is it?

何時ですか。

088

It's eleven thirty.

11時30分です。

089

What day of the week is it today?

今日は何曜日ですか。

090

What's the date today?

今日は何日ですか。

さくいん

※数字は見出し語番号を示す。

単語編

A

☐ a, an 297
☐ about 294
☐ after 292
☐ afternoon 028
☐ airport 387
☐ album 342
☐ all 316
☐ also 280
☐ always 276
☐ am 183
☐ a.m. 498
☐ and 298
☐ animal 120
☐ any 317
☐ apple 086
☐ April 136
☐ are 184
☐ around 279
☐ art 055
☐ at 284
☐ August 140
☐ aunt 102
☐ Australia 171

B

☐ backpack 349
☐ badminton 437
☐ bag 011
☐ ball 115
☐ banana 411
☐ bank 392
☐ baseball 107
☐ basket 328
☐ basketball 112
☐ bath 020
☐ bathroom 323
☐ beach 446
☐ beautiful 256
☐ bed 013
☐ bedroom 330
☐ before 293
☐ bicycle 435
☐ big 242
☐ bike 111
☐ bird 117
☐ birthday 165
☐ black 147
☐ blackboard 365
☐ blue 146
☐ book 002
☐ bookstore 388
☐ box 008
☐ boy 061
☐ bread 407
☐ breakfast 082
☐ bridge 389
☐ brother 097
☐ brown 153
☐ brush 228
☐ building 390
☐ bus 070
☐ bus stop 393
☐ busy 490
☐ but 300
☐ buy 466
☐ by 288

C

☐ cafeteria 361
☐ cake 085
☐ calendar 350
☐ call 472
☐ camera 014
☐ camp 473
☐ can 302
☐ Canada 173
☐ cap 010
☐ car 072
☐ card 343
☐ carrot 420
☐ cat 118
☐ CD 157
☐ cent 459
☐ centimeter 458
☐ chair 320
☐ children 369
☐ Chinese 257
☐ chocolate 412
☐ chopstick 421
☐ city 078
☐ class 040
☐ classmate 056
☐ classroom 053
☐ clean 221
☐ close 195
☐ cloudy 482

☐ club 048
☐ coat 351
☐ coffee 091
☐ cold 252
☐ color 145
☐ come 190
☐ comic book 022
☐ computer 007
☐ concert 452
☐ cook [動詞] 217
☐ cook [名詞] 373
☐ cookie 404
☐ country 174
☐ cucumber 422
☐ cup 325
☐ curry 094
☐ curtain 344
☐ cut 467
☐ cute 248

D

☐ dance 229
☐ dancer 376
☐ date 034
☐ daughter 104
☐ day 026
☐ December 144
☐ department store 384
☐ desk 327
☐ dessert 413
☐ diary 345
☐ dictionary 050
☐ dining room 346
☐ dinner 084
☐ dish 408
☐ do, does 186
☐ doctor 370
☐ dog 116
☐ dollar 168
☐ dolphin 447
☐ door 015
☐ down 269
☐ drink 214
☐ driver 379
☐ DVD 333

E

☐ ear 464
☐ easy 478
☐ eat 197
☐ egg 095
☐ eight 506
☐ eighteen 516
☐ eighth 535
☐ eighty 524
☐ elephant 448
☐ eleven 509
☐ eleventh 538
☐ e-mail 019
☐ English 169
☐ enjoy 233
☐ eraser 049
☐ evening 029
☐ every 313
☐ everyone 311

F

☐ face 178
☐ fall 163
☐ family 101
☐ fast [形容詞] 489
☐ fast [副詞] 270
☐ father 099
☐ favorite 254
☐ February 134
☐ festival 166
☐ fifteen 513
☐ fifth 532
☐ fifty 521
☐ find 474
☐ fine 239
☐ finger 181
☐ firefighter 380
☐ first 528
☐ fish 121
☐ five 503
☐ floor 334
☐ flower 438
☐ flute 453
☐ fly 230
☐ food 087
☐ foot 463
☐ football 436
☐ for 286
☐ fork 423
☐ forty 520
☐ four 502
☐ fourteen 512
☐ fourth 531
☐ French 460
☐ Friday 130
☐ friend 060
☐ from 290
☐ fruit 405

G

□ game 108
□ garden 329
□ gas station 394
□ get 210
□ girl 062
□ glass 424
□ glove 335
□ go 189
□ good 236
□ grandfather 431
□ grandmother 430
□ grape 409
□ great 250
□ green 151
□ ground 366
□ guitar 159
□ gym 051

H

□ hair 176
□ hamburger 414
□ hamster 440
□ hand 175
□ happy 479
□ hat 324
□ have 188
□ he 548
□ head 179
□ help 222
□ her [所有格(しょゆうかく)] 553
□ her [目的格(もくてきかく)] 554
□ here 261
□ hers 555
□ high 247
□ him 550
□ his [所有格(しょゆうかく)] 549
□ his [所有代名詞(しょゆうだいめいし)] 551
□ history 367
□ home 004
□ homework 042
□ hospital 080
□ hot 253
□ hotel 395
□ hour 032
□ house 001
□ how 304
□ hundred 526
□ hungry 251

I

□ I 540
□ ice cream 088
□ idea 368
□ in 282
□ is 185
□ it [主格(しゅかく)] 556
□ it [目的格(もくてきかく)] 558
□ Italian 495
□ its 557

J

□ jacket 338
□ jam 415
□ January 133
□ Japan 172
□ Japanese 170
□ juice 093
□ July 139
□ jump 227
□ June 138
□ just 277

K

□ kilogram 457
□ kitchen 326
□ know 201

L

□ lady 374
□ large 487
□ last 258
□ leg 177
□ lesson 358
□ letter 012
□ library 071
□ like 187
□ listen 213
□ little 244
□ live 208
□ living room 336
□ long 245
□ look 199
□ love 223
□ lunch 083
□ lunchtime 416

M

□ magazine 321
□ make 193
□ man 064
□ many 315
□ March 135
□ math 044

□ May 137
□ me 542
□ meat 417
□ meet 216
□ meter 455
□ milk 092
□ mine 543
□ minute 356
□ Monday 126
□ monkey 450
□ month 132
□ morning 027
□ mother 100
□ mountain 122
□ mouth 180
□ movie 073
□ Mr. 318
□ Mrs. 497
□ Ms. 319
□ museum 079
□ music 154
□ my 541

N

□ name 043
□ near 295
□ need 469
□ new 238
□ newspaper 331
□ next 249
□ nice 240
□ night 030
□ nine 507
□ nineteen 517
□ ninety 525
□ ninth 536
□ noon 033
□ not 260
□ notebook 054
□ November 143
□ now 265
□ number 057
□ nurse 377

O

□ o'clock 267
□ October 142
□ of 287
□ office 383
□ often 264
□ old 237
□ on 285
□ one [代名詞(だいめいし)] 312
□ one [数(かず)] 499
□ onion 425
□ only 278
□ open 194
□ or 299
□ orange 096
□ our 560
□ ours 562
□ out 274

P

□ page 359
□ paint 470
□ park 068
□ party 454
□ P.E. 363
□ pen 041
□ pencil 047
□ pencil case 357
□ people 066
□ pet 016
□ phone 322
□ pianist 378
□ piano 155
□ picture 006
□ pie 427
□ pilot 371
□ pink 150
□ pizza 401
□ plane 396
□ plate 402
□ play 191
□ player 063
□ pocket 352
□ police officer 375
□ police station 398
□ pool 360
□ postcard 339
□ post office 397
□ potato 403
□ practice 234
□ present 167
□ pretty 480
□ pumpkin 428
□ purple 451
□ put 235

R

□ rabbit 123
□ racket 432
□ radio 347
□ rain 471

- [ ] rainy 483
- [ ] read 198
- [ ] ready 255
- [ ] really 271
- [ ] red 148
- [ ] restaurant 074
- [ ] rice 090
- [ ] right 241
- [ ] river 441
- [ ] room 003
- [ ] rose 442
- [ ] ruler 364
- [ ] run 205

S

- [ ] salad 429
- [ ] sandwich 089
- [ ] Saturday 131
- [ ] school 038
- [ ] science 052
- [ ] score 433
- [ ] sea 443
- [ ] second 529
- [ ] see 196
- [ ] September 141
- [ ] seven 505
- [ ] seventeen 515
- [ ] seventh 534
- [ ] seventy 523
- [ ] she 552
- [ ] sheep 449
- [ ] ship 385
- [ ] shirt 332
- [ ] shoe 337
- [ ] shop 076
- [ ] short 246
- [ ] shoulder 465
- [ ] show 160
- [ ] shower 340
- [ ] sing 209
- [ ] Singapore 461
- [ ] singer 067
- [ ] sister 098
- [ ] sit 224
- [ ] six 504
- [ ] sixteen 514
- [ ] sixth 533
- [ ] sixty 522
- [ ] skate 231
- [ ] ski 475
- [ ] skirt 353
- [ ] sky 444
- [ ] sleep 468
- [ ] sleepy 494
- [ ] slow 488
- [ ] small 243
- [ ] snow 439
- [ ] snowy 485
- [ ] so 301
- [ ] soccer 109
- [ ] sofa 341
- [ ] soft 491
- [ ] softball 434
- [ ] some 314
- [ ] sometimes 275
- [ ] son 105
- [ ] song 156
- [ ] soup 426
- [ ] speak 202
- [ ] spoon 406
- [ ] sport 110
- [ ] spring 161
- [ ] stand 225
- [ ] start 218
- [ ] station 075
- [ ] stop 232
- [ ] store 381
- [ ] story 059
- [ ] strawberry 410
- [ ] street 081
- [ ] student 045
- [ ] study 211
- [ ] subject 058
- [ ] summer 162
- [ ] Sunday 125
- [ ] sunny 481
- [ ] supermarket 382
- [ ] sweet 492
- [ ] swim 215

T

- [ ] table 005
- [ ] take 207
- [ ] talk 219
- [ ] tall 477
- [ ] taxi 399
- [ ] tea 400
- [ ] teach 220
- [ ] teacher 046
- [ ] team 113
- [ ] teeth 182
- [ ] ten 508
- [ ] tennis 106
- [ ] tenth 537
- [ ] test 362

□ textbook 039
□ that 568
□ the 296
□ their 564
□ theirs 566
□ them 565
□ then 281
□ there 266
□ these 569
□ they 563
□ think 476
□ third 530
□ thirteen 511
□ thirty 519
□ this 567
□ those 570
□ thousand 527
□ three 501
□ Thursday 129
□ ticket 386
□ time 031
□ to 283
□ today 024
□ together 496
□ tomato 418
□ tomorrow 025
□ too 263
□ towel 348
□ tower 391
□ toy 354
□ train 069
□ tree 119
□ T-shirt 017
□ Tuesday 127
□ TV 009
□ twelfth 539
□ twelve 510
□ twenty 518
□ two 500

U

□ umbrella 023
□ uncle 103
□ under 291
□ up 268
□ us 561
□ use 203
□ usually 272

V

□ vegetable 419
□ very 262
□ violin 158
□ volleyball 114

W

□ waiter 372
□ walk 212
□ wall 355
□ want 192
□ warm 493
□ wash 204
□ watch [名詞] 021
□ watch [動詞] 200
□ water 124
□ we 559
□ weather 445
□ Wednesday 128
□ week 035
□ weekend 036
□ well 273
□ what 303
□ when 306
□ where 305
□ which 309
□ white 149
□ who 307
□ whose 308
□ why 310
□ window 018
□ windy 484
□ winter 164
□ with 289
□ woman 065
□ wonderful 259
□ work 226
□ world 462
□ write 206

Y

□ year 037
□ yellow 152
□ yen 456
□ you [主格] 544
□ you [目的格] 546
□ young 486
□ your 545
□ yours 547

Z

□ zoo 077

数字は見出し語番号だよ。ページ数ではないので気をつけてね。

熟語編

A

□ a cup of ～ 589
□ a glass of ～ 590
□ a lot of ～ 591
□ after school 592
□ at home 593
□ at school 594

C

□ come from ～ 571
□ come to ～ 572

D

□ do *one's* homework 573

F

□ from *A* to *B* 595

G

□ get up 574
□ go *doing* 575
□ go home 576
□ go to ～ 577

I

□ in the morning 596

L

□ like *doing* 578
□ listen to ～ 579
□ live in ～ 580
□ look at ～ 581

O

□ on TV 597
□ on weekends 598
□ over there 599

S

□ sit down 582
□ sleep in bed 583
□ speak to ～ 584
□ stand up 585

T

□ take a picture 586
□ take a shower 587
□ talk about ～ 588

Y

□ ～ year(s) old 600